中1英語 サクッと 3分間ドリル もくじと記録

three minutes

正解数まで ぬっていこう！
▶ 1 2 3

1回分が終わったら，学習日と成績を記録しましょう。

JN042031

01

アルファベット（大文字）

月　　日

10問中　　問正解

英語のアルファベットは26文字あります。アルファベットの大文字は，文の最初の文字や人名・地名などを表す単語の最初の文字に使われます。

1 アルファベットの順になるように，（　）に大文字を入れましょう。

(1) （　　）（　　）**C**（　　）

(2) **E**（　　）（　　）（　　）

(3) （　　）**J**（　　）（　　）

★ (4) （　　）（　　）**O**（　　）

(5) （　　）（　　）（　　）**T**

(6) （　　）（　　）**W**

(7) （　　）**Y**（　　）

2 正しいつづりになるように，＿＿に適する大文字を入れましょう。

(1) ＿＿okyo （東京）

(2) ＿＿apan （日本）

(3) ＿＿nglish （英語）

★ ❶(4) よく似た発音の文字が続くので，順番を間違えないようにしよう。

02 アルファベット（小文字）

月　　　日

13問中　　問正解

英語を書くときは，文の最初の文字などを除いて，ふつう小文字が使われます。縦の長さや大文字との形の違いに注意しましょう。

1 アルファベットの順になるように，（　　）に小文字を入れましょう。

★ (1) a （　　）（　　） d （　　）

(2) （　　）（　　） h （　　）（　　）

(3) k （　　）（　　） n （　　）

★ (4) （　　）（　　） r （　　）（　　）

(5) u （　　）（　　）（　　）（　　） z

2 次のアルファベットの大文字を小文字になおしましょう。

(1) Z （　　）　　　　(2) R （　　）

(3) N （　　）　　　　(4) D （　　）

(5) A （　　）　　　　(6) U （　　）

(7) H （　　）　　　　(8) K （　　）

★ ❶(1)(4) b と d，p と q の向きの違いに注意しよう。

be動詞(am, are, is)は「～です」の意味を表します。「私は～です」は I am[I'm] ~. で,「あなたは～です」は You are[You're] ~. で表します。

1 ( ) に適する語を入れて日本文に合う英文にしましょう。

(1) I ( ) Ichiro.
私は一郎です。

(2) ( ) ( ) Yamada Hitomi.
私は山田ひとみです。

★ (3) ( ) fourteen.
私は14歳です。

(4) ( ) ( ) Okinawa.
私は沖縄の出身です。

(5) You ( ) Ms. Green.
あなたはグリーン先生です。

★ (6) ( ) tall.
あなたは背が高い。

あと3分だけ
続ける？

★ **1**(3)(6) I am, You are を短縮形にする。
★ **1**(3) fourteen years old の years old が省略された文。

04 I am not ～.

I am ～. や You are ～. の否定文は，am や are のあとに not をおき，I am[I'm] not ～.
や You are not[You aren't / You're not] ～. で表します。

1 次の英文を否定文に書きかえましょう。

(1) I am Sayaka. （私はさやかです。）

→I am （　　　　）Sayaka. （私はさやかではありません。）

(2) You are busy. （あなたは忙しい。）

→You are （　　　　）busy. （あなたは忙しくありません。）

2 （　　）に適する語を入れて日本文に合う英文にしましょう。

(1) I （　　　　）（　　　　）in Kyoto.
私は京都にいません。

★ (2) （　　　　）（　　　　）from Tokyo.
私は東京出身ではありません。

★ (3) You （　　　　）a teacher.
あなたは先生ではありません。

ミスはないかな？

★ **2**(2) I am を短縮形にする。
★ **2**(3) are not を短縮形にする。

「あなたは〜ですか」という疑問文は，You are 〜. の are を主語の前に出して，Are you 〜 ? の形にします。

1 次の英文を疑問文に書きかえましょう。

(1) **You are Koji.** （あなたは浩二です。）

→ (　　　　　) you Koji?　（あなたは浩二ですか。）

★ (2) **You are in Tokyo.** （あなたは東京にいます。）

→ (　　　　) (　　　　　) in Tokyo?　（あなたは東京にいますか。）

2 (　　) に適する語を入れて日本文に合う英文にしましょう。

(1) (　　　　) (　　　　) Ms. Green?

あなたはグリーン先生ですか。

(2) (　　　　) (　　　　) a high school student?
　　　　　　　　　　　　　　　高校生

あなたは高校生ですか。

★ (3) (　　　) (　　　) (　　　) Canada?

あなたはカナダの出身ですか。

★ **1**(2) be 動詞(am, are, is)は「(〜に)います」の意味も表す。
★ **2**(3) 「〜の出身」は from を使う。

Are you ～ ? の答え方

Are you ～ ? には，Yes / No を使って，Yes, I am. や No, I am not. と答えます。No の場合は，短縮形を使って No, I'm not. とも答えます。

1 （　　）に適する語を入れて答えの文を完成しましょう。

(1) Are you a student? — Yes, I (　　　　).
あなたは学生ですか。— はい，そうです。

(2) Are you from Okinawa? — No, I am (　　　　).
あなたは沖縄出身ですか。— いいえ，違います。

2 （　　）に適する語を入れて日本文に合う英文にしましょう。

(1) Are you Mr. Kato? — (　　　　), I (　　　　).
あなたは加藤先生ですか。— はい，そうです。

(2) Are you busy? — (　　　　), I'm (　　　　).
あなたは忙しいですか。— いいえ，忙しくありません。

★ (3) Are you fifteen?

— (　　　　), (　　　　) (　　　　).

あなたは15歳ですか。— いいえ，違います。

いいペースだね。

★ **2**(3) I am を短縮形にする。
Are you ～ ? に対する答えの文では，主語が I になることにも注意。

07 This[That] is ～.

近くのものをさして「これは~です」は，This is ~. といいます。離れたものをさして「あれは~です」は，That is ~. といいます。

I （　　）に適する語を入れて日本文に合う英文にしましょう。

(1) (　　　　　) is my bag.

これは私のかばんです。

(2) (　　　　) (　　　　) my book.

これは私の本です。

★ (3) Miki, (　　　　) (　　　　) Mark.

美樹，こちらはマークです。

(4) (　　　　) is a school.

あれは学校です。

(5) (　　　　) (　　　　) your pencil.

あれはあなたのえんぴつです。

★ (6) (　　　　) a new hospital.

あれは新しい病院です。

★ ❶(3) 「こちらは～です」と，人を紹介するときにも This is ～. を使う。
★ ❶(6) 空所の数から短縮形を入れる。

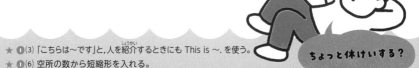

ちょっと休けいする？

「これは〔あれは〕～ではありません」という否定文は，This〔That〕isのあとに not をおきます。
is not は短縮形の isn't もよく使われます。

I 次の英文を否定文に書きかえましょう。

(1) This is a hospital.　（これは病院です。）

→This is (　　　　) a hospital.　（これは病院ではありません。）

(2) That is my house.　（あれは私の家です。）

→That is (　　　　) my house.　（あれは私の家ではありません。）

2 (　　) に適する語を入れて日本文に合う英文にしましょう。

(1) (　　　　) is (　　　　) a school.

これは学校ではありません。

(2) (　　　　) (　　　　) a fish.
魚

これは魚ではありません。

(3) (　　　　) is (　　　　) a dog.

あれは犬ではありません。

★ (4) (　　　　) (　　　　) Mr. Brown.

あちらはブラウン先生ではありません。

★ ❷(4) That is を短縮形にしても，is not を短縮形にしてもよい。

Is this ～?

「これは〔あれは〕～ですか」という疑問文は，This〔That〕is ～. の is をThis〔That〕の前に出して，Is this〔that〕~? の形にします。

1 次の英文を疑問文に書きかえましょう。

(1) **This is a library.** （これは図書館です。）

　　→ （　　　　　）（　　　　　　） a library?　（これは図書館ですか。）

(2) **That's your house.** （あれはあなたの家です。）

　　→ （　　　　　）（　　　　　　） your house?　（あれはあなたの家ですか。）

2 （　　）に適する語を入れて日本文に合う英文にしましょう。

(1) （　　　　　）（　　　　　） your book?

　　これはあなたの本ですか。

★ (2) （　　　　　）（　　　　　） a park? — Yes, （　　　　） is.

　　あれは公園ですか。 — はい，そうです。

★ (3) （　　　　　）（　　　　　） my pencil?

　　— No, （　　　　）（　　　　）.

　　これは私のえんぴつですか。 — いいえ，違います。

★ **2**(2) 答えの文では，this や that は it で受ける。
★ **2**(3) 答えの文では，it is を短縮形にしても，is not を短縮形にしてもよい。

10 He[She] is ～.

he(彼は), she(彼女は)のような I, you 以外の1人の人や, 1つの物が主語のとき,「～です」の意味を表す be 動詞は is を使います。

1 (　　) に適する語を入れて日本文に合う英文にしましょう。

(1) This is my father. (　　　　) is a teacher.
こちらは私の父です。彼は教師です。

(2) That is Yuki. (　　　　) is my friend.
あちらは由紀です。彼女は私の友達です。

(3) Mike (　　　　) from Australia.
マイクはオーストラリアの出身です。

★ (4) (　　　　) my brother.
彼は私の弟です。

★ (5) (　　　　) my classmate.
彼女は私のクラスメイトです。

★ (6) That cat (　　　　) very cute.
あのねこはとてもかわいい。

あと3分だけ
続ける？

★ **1**(4)(5) He is や She is の短縮形を使う。
★ **1**(6) 主語が単数の動物や物のときも be 動詞は is を使う。

11

He is not ~ .

He[She] is ~. の否定文は，am，are の文の場合と同じように，be動詞 is のあとに not をおき，He[She] is not ~. で表します。

1 次の英文を否定文に書きかえましょう。

(1) He is a teacher. (彼は先生です。)

→He is (　　　　) a teacher. (彼は先生ではありません。)

(2) She is Ann. (彼女はアンです。)

→She is (　　　　) Ann. (彼女はアンではありません。)

2 (　　) に適する語を入れて日本文に合う英文にしましょう。

(1) Kenta (　　　　)(　　　　) a soccer fan.
サッカーファン
健太はサッカーファンではありません。

(2) Yumi (　　　　)(　　　　) in this room.
由美はこの部屋にはいません。

★ (3) (　　　　)(　　　　) from China.
彼は中国出身ではありません。

★ (4) (　　　　)(　　　　) busy today.
彼女は今日，忙しくありません。

ちりつもだね。

★ **2**(3)(4) He is，She is か is not を短縮形にする。

He[She] is ～. の疑問文は, ほかのbe動詞(am, are)の文と同じように, be 動詞の is を主語の前に出して, Is he[she] ～? の形にします。

Ⅰ 次の英文を疑問文に書きかえましょう。

(1) He is Mark. （彼はマークです。）

→ (　　　　) (　　　　) Mark?　（彼はマークですか。）

(2) She is a doctor. （彼女は医師です。）
医師

→ (　　　　) (　　　　) a doctor?　（彼女は医師ですか。）

2 (　　　) に適する語を入れて日本文に合う英文にしましょう。

(1) (　　　　) (　　　　) your brother?

彼はあなたの弟ですか。

(2) (　　　　) (　　　　) tall? — Yes, (　　　　) is.
背が高い

彼女は背が高いですか。— はい, 背が高いです。

★ (3) (　　　　) (　　　　) in his room?

— No, (　　　　) (　　　　).

彼は自分の部屋にいますか。— いいえ, いません。

★ ❷(3) be 動詞(is, am, are)には「(～に)います」の意味もある。
ふつうあとに場所を表す語句(ここでは in his room)がくる。

主語が複数の we(私たちは), you(あなたたちは), they(彼ら〔彼女たち, それら〕は)のとき,
「~です」の意味を表す be 動詞は are を使います。

1 am, are, is から適する語を選び, (　　) に書きましょう。

(1) We (　　　　　) students.

私たちは学生です。

(2) Mark and Bill (　　　　) tall.

マークとビルは背が高い。

2 (　　) に適する語を入れて日本文に合う英文にしましょう。

(1) (　　　　　)(　　　　　) from Japan.

私たちは日本の出身です。

★ (2) These books (　　　　) old.

これらの本は古い。

(3) (　　　　)(　　　　　) very kind.

彼女たちはとても親切です。

★ (4) (　　　　　) good friends.

私たちはよい友達です。

★ **2**(2) these は this の複数形。主語の These books は複数であることに注意。
★ **2**(4) 短縮形を使う。

14

We[They] are 〜. の否定文・疑問文

We[They] are 〜. の否定文は, are のあとに not をおき, are not にします。疑問文は, are を主語の前に出して, 〈Are ＋主語 〜?〉の形にします。

---

1 次の英文について(1)を否定文に, (2)を疑問文に書きかえましょう。

(1) We are sisters. （私たちは姉妹です。）

→We are (　　　　) sisters. （私たちは姉妹ではありません。）

(2) They are brothers. （彼らは兄弟です。）

→ (　　　　)(　　　　) brothers? （彼らは兄弟ですか。）

2 (　　) に適する語を入れて日本文に合う英文にしましょう。

★ (1) We (　　　　) from Osaka.
私たちは大阪出身ではありません。

(2) (　　　　)(　　　　) teachers?
— Yes, they (　　　　).
彼女たちは先生ですか。— はい, そうです。

(3) (　　　　)(　　　　) your friends?
— No, they (　　　　).
彼らはあなたの友達ですか。— いいえ, 違います。

★ ❷(1) are[is, am] from 〜で「〜の出身です」。
ここではそれを否定の形にする。短縮形を使う。

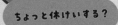

ちょっと休けいする？

「～は何ですか」という疑問文は，What で文を始めて，What is[are] ～? の形にします。It is [They are] ～. の形で答えます。

1 （　　）に適する語を入れて日本文に合う英文にしましょう。

(1) (　　　　) is this? — (　　　　) is a pencil.
これは何ですか。— それはえんぴつです。

★ (2) (　　　　) this? — (　　　　) an apple.
これは何ですか。— それはりんごです。

(3) (　　　　) that? — (　　　　) a school.
あれは何ですか。— それは学校です。

★ (4) (　　　　) (　　　　) these?
— (　　　　) are apples.
これらは何ですか。— それらはりんごです。

(5) (　　　　) (　　　　) your name?
— My name (　　　　) Koji.
あなたの名前は何ですか。— 私の名前は浩二です。

カついてきた！

★ ❶(2) どちらも短縮形を使う。
★ ❶(4) these は this の複数形。答えの文では they で受ける。

16 be動詞の否定文・疑問文

月　　日

6問中　　問正解

be動詞の否定文は，be動詞のあとに not をおき〈主語＋be動詞＋not ～.〉の形に，疑問文は，be動詞を主語の前に出して〈be動詞＋主語～?〉の形にします。

I （　）に適する語を入れて日本文に合う英文にしましょう。

(1) I (　　　)(　　　) busy now.
　　私は今，忙しくありません。

★ (2) (　　　)(　　　) my sister.
　　彼女は私の姉ではありません。

(3) That (　　　)(　　　) my bike.
　　あれは私の自転車ではありません。

(4) They (　　　)(　　　) from China.
　　彼らは中国出身ではありません。

(5) (　　　)(　　　) Takeshi?
　　— Yes, (　　　)(　　　).
　　あなたは武志ですか。— はい，そうです。

★ (6) (　　　)(　　　) your book?
　　— No, (　　　)(　　　).
　　これはあなたの本ですか。— いいえ，違います。

ちりつもだね。

★ ❶(2) 2通りの短縮形の文を作ることができる。
★ ❶(6) 主語の this は答えの文では it で受ける。

17 まとめテスト①

be 動詞

月　　　日

/100点

1 右の囲みの中から適する語を選び，（　　）に書きましょう。文頭の文字も小文字で示してあります。同じ語を 2 度使ってもかまいません。 （5点×4）

(1) This （　　　　） my friend, Yuki.
こちらは私の友達の由紀です。

(2) （　　　　） you Maki? — Yes, I （　　　　）.
あなたは麻紀ですか。— はい，そうです。

(3) （　　　　） Bill tall? — No, he （　　　　）.
ビルは背が高いですか。— いいえ，高くありません。

(4) They （　　　　） my classmates.
彼女たちは私のクラスメイトではありません。

| is |
| am |
| are |
| isn't |
| aren't |

2 次の英文を，▶ に続く指示にしたがって書きかえましょう。 （6点×4）

(1) I am a student. ▶ 主語の I を You にかえて

→You （　　　　） a student. （あなたは学生です。）

(2) This is his bag. ▶ 否定文に

→This （　　　　） his bag. （これは彼のかばんではありません。）

(3) She is home. ▶ 疑問文に

→ （　　　　）（　　　　） home? （彼女は家にいますか。）

(4) You're our new teacher. ▶ 疑問文に

→ （　　　　）（　　　　） our new teacher?

（あなたは私たちの新しい先生ですか。）

→ 裏に続きます。

3 ( ) に適する語を入れて日本文に合う英文にしましょう。 （6点×4）

(1) I'm ( ) in Kobe now.
　　私は今，神戸にいません。

(2) They ( ) busy today.
　　彼らは今日，忙しくありません。

(3) ( ) Mike fifteen?
　　マイクは15歳ですか。

(4) No, he ( ). ( ) fourteen.
　　いいえ，違います。彼は14歳です。〈(3)の答え〉

4 日本文を英語になおしましょう。 （8点×4）

(1) 私は札幌の出身です。

....

(2) あれは何ですか。

....

(3) 私たちは姉妹ではありません。

....

(4) これはあなたの学校ですか。

....

like, play など, be 動詞以外の動詞を一般動詞といいます。いろいろな一般動詞の意味をしっかり覚えましょう。

1 右の囲みの中から適する語を選び, (　) に書きましょう。

(1) I (　　　　) soccer.

私はサッカーが好きです。

★ (2) I (　　　　) soccer on Sundays.

私は毎週日曜日にサッカーをします。

(3) You (　　　　) English.

あなたは英語を勉強します。

am
have
play
like
study

2 (　) に適する語を入れて日本文に合う英文にしましょう。

(1) I (　　　　) cats.

私はねこが好きです。

★ (2) I (　　　　) a brother.

私には兄がいます。

(3) I (　　　　) to school <u>every day</u>.
毎日

私は毎日学校に行きます。

★ **1**(2) on Sundays のように複数形になると, 習慣を表す意味が強くなる。
★ **2**(2) 「～を持っている」という意味の動詞を使う。

一般動詞の否定文は，動詞の前に do not または短縮形の don't をおいて作ります。I play ～. の否定文は I do not[don't] play ～. となります。

1 次の英文を否定文に書きかえましょう。

(1) I know her name. （私は彼女の名前を知っています。）

→I (　　　) (　　　) know her name.

(2) You play tennis. （あなたはテニスをします。）

→You (　　　) play tennis.

2 (　) に適する語を入れて日本文に合う英文にしましょう。

(1) You (　　　) speak Japanese.

あなたは日本語を話しません。

(2) I (　　　) (　　　) a bike.

私は自転車を持っていません。

★ (3) I (　　　) (　　　) dogs.

私は犬が好きではありません。

★ (4) I (　　　) (　　　) the piano.

私はピアノをひきません。

いいペースだね。

★ **2**(3)「～が好きだ」は like を使う。
★ **2**(4)「(楽器)を演奏する」は〈play the＋楽器名〉で表す。

一般動詞の疑問文は，文の最初にDoをおき，〈Do＋主語＋動詞 ~?〉で表し，〈Yes, 主語＋do.〉
や〈No, 主語＋don't.〉で答えます。

1 次の英文を疑問文に書きかえましょう。

(1) You study math. （あなたは数学を勉強します。）

→ (　　　　　) you study math?

(2) You speak Japanese. （あなたは日本語を話します。）

→ (　　　　　)(　　　　　) speak Japanese?

2 (　　) に適する語を入れて日本文に合う英文にしましょう。

(1) (　　　　　)(　　　　　) play the piano?

あなたはピアノをひきますか。

(2) (　　　　　)(　　　　　) live near here?
　　　　　　　　　　　　　　　　この近くに

— Yes, I (　　　　　).

あなたはこの近くに住んでいますか。— はい，住んでいます。

★ (3) (　　　　　) you (　　　　　) baseball?

— No, (　　　　　)(　　　　　).

あなたは野球が好きですか。

— いいえ，好きではありません。

★ **2**(3) 答えの文では，主語を I にする。

ちょっと休けいする？

He likes ～ . / She likes ～ .

月　　日

6問中　　問正解

主語が he や Ken のような3人称単数(I, you 以外の単数)のとき，一般動詞は，like → likes のように，語尾に s をつけた形にします。

1 次の英文を，▶ に続く指示にしたがって書きかえましょう。

(1) I walk to school.　▶ 主語を Miki にかえて

　　→Miki (　　　　) to school.　(美樹は歩いて学校へ行きます。)

(2) I help Kenta.　▶ 主語を She にかえて

　　→She (　　　　) Kenta.　(彼女は健太を手伝います。)

(3) I play the piano.　▶ 主語を Bob にかえて

　　→Bob (　　　　) the piano.　(ボブはピアノをひきます。)

2 (　　) に適する語を入れて日本文に合う英文にしましょう。

(1) Taro (　　　　) dogs.
　　太郎は犬が好きです。

(2) He (　　　　) in this house.
　　彼はこの家に住んでいます。

★ (3) My brother (　　　　) Chinese.
　　私の兄は中国語を話します。
　　中国語

★ **2**(3) My brother も 3人称単数。「～を話す」は speak。

注意したい一般動詞

主語が3人称単数のとき，一般動詞の語尾にはsをつけますが，go → goes，have → has のように，そのままsをつけない動詞もあります。

I 〔　　〕内の動詞を適する形にして，（　　）に入れましょう。

(1) He （　　　　　） tennis very well. 〔play〕
彼はテニスがとてもじょうずです。

★ (2) Sarah （　　　　　） Japanese. 〔study〕
サラは日本語を勉強します。

(3) Ms. Brown （　　　　　） English. 〔teach〕
ブラウン先生は英語を教えています。

(4) Kumi （　　　　　） TV every day. 〔watch〕
久美は毎日テレビを見ます。

(5) My sister （　　　　　） to bed at ten. 〔go〕
私の妹は10時に寝ます。

★ (6) Jiro （　　　　　） a brother. 〔have〕
次郎には兄が1人います。

やる気送ります！

★ ❶(2) y を i にかえて es をつける。
★ ❶(6) 特別な変化をする。

23 一般動詞⑥

He doesn't 〜.

月　　　日

6問中　　問正解

主語が3人称単数の一般動詞の否定文は，動詞の前に does not(＝doesn't)をおき，あとの動詞は原形(s などがつかないもとの形)にします。

1 次の英文を否定文に書きかえましょう。

(1) She plays the piano. （彼女はピアノをひきます。）

→She （　　　　　） play the piano.

(2) He has breakfast. （彼は朝食を食べます。）

→He （　　　　） （　　　　） breakfast.

2 （　　）に適する語を入れて日本文に合う英文にしましょう。

(1) My father （　　　　） use this computer.
父はこのコンピューターを使いません。

(2) Ann （　　　　） （　　　　） Japanese.
アンは日本語を話しません。

★ (3) He （　　　　） （　　　　） your name.
彼はあなたの名前を知りません。

★ (4) Ms. Sato （　　　　） （　　　　） coffee.
佐藤さんはコーヒーを飲みません。

カついてきた！

★ 2(3)「〜を知っている」は know を使う。
★ 2(4)「〜を飲む」は drink か have を使う。

主語が3人称単数の一般動詞の疑問文は，文の最初に Does をおき，あとの動詞は原形（s などがつかないもとの形）にします。答えの文でも does か doesn't を使います。

1 次の英文を疑問文に書きかえましょう。

(1) He watches TV every day.　（彼は毎日テレビを見ます。）

→ (　　　　) he watch TV every day?

(2) Mark speaks Japanese.　（マークは日本語を話します。）

→ (　　　　) Mark (　　　　) Japanese?

2 (　　) に適する語を入れて日本文に合う英文にしましょう。

(1) (　　　　) she (　　　　) a bike?
彼女は自転車を持っていますか。

(2) (　　　　) he (　　　　) that girl?
— Yes, he (　　　　).
彼はあの少女が好きですか。 — はい，好きです。

★ (3) (　　　　)(　　　　)(　　　　) cats?
— No, she (　　　　).
彼女はねこが好きですか。
— いいえ，好きではありません。

★ **2**(3) 空所が1つなので，答えの文では短縮形を使う。

主語が we や they のような複数のとき, 一般動詞の形は主語が I や you のときと同じです。否定文は do not[don't], 疑問文は Do ~? を使います。

1 （　）に適する語を入れて日本文に合う英文にしましょう。

(1) We （　　　） music.　私たちは音楽が好きです。

(2) These girls （　　　） me.
この少女たちは私を手伝ってくれます。

(3) They （　　　） use this classroom.
彼らはこの教室を使いません。

(4) （　　　） you （　　　） rice for breakfast?
— Yes, we （　　　）.
あなたたちは朝食にご飯を食べますか。— はい, 食べます。

★ (5) （　　　） the boys （　　　） fast?
— No, （　　　）（　　　）.
その少年たちは速く走りますか。— いいえ, 走りません。

★ (6) My parents （　　　） a new car.
私の両親は新しい車をほしがっています。

★ **1**(5) 「走る」は run。答えの文では, the boys は they で受ける。
★ **1**(6) parents（両親）は複数。「~をほしがる」は want を使う。

「何を～しますか」という疑問文は，What のあとに一般動詞の疑問文を続けて〈What do[does] ＋主語＋動詞の原形（s などがつかないもとの形）～?〉の形にします。

1 「何を」とたずねる英文になるように，（　　）に適する語を入れましょう。

(1) Do you have a pen in your bag?

→ (　　　　) do you (　　　　) in your bag?

（あなたはかばんの中に何を持っていますか。）

(2) Does she have an apple in her hand?

→ (　　　　) does she (　　　　) in her hand?

（彼女は手に何を持っていますか。）

2 （　　）に適する語を入れて日本文に合う英文にしましょう。

(1) (　　　　)(　　　　) you do on Sunday?

— I (　　　　) tennis.

あなたは日曜日に何をしますか。— 私はテニスをします。

★ (2) (　　　　) color (　　　　) she like?
色

— She (　　　　) red.

彼女は何色が好きですか。— 彼女は赤が好きです。

★ ❷(2) 主語は3人称単数。答えの文の動詞の形に注意。

ちょっと休けいする？

27

一般動詞の否定文・疑問文

月　　日

6問中　　問正解

一般動詞の否定文は，動詞の前に don't [do not] をおき，あとの動詞を原形（s などがつかないもとの形）にします。疑問文は Do ~? を使います。主語が3人称単数のときは does を使います。

---

1 （　　）に適する語を入れて日本文に合う英文にしましょう。

(1) I (　　　　) like apples.

私はりんごが好きではありません。

★ (2) Ken (　　　　)(　　　　) in Tokyo.

健は東京に住んでいません。

(3) My parents (　　　　)(　　　　) TV.

私の両親はテレビを見ません。

(4) (　　　　) you (　　　　) cats? — Yes, (　　　　)(　　　　).

あなたはねこが好きですか。— はい，好きです。

(5) (　　　） your brother (　　　) soccer? — No, (　　　)(　　　).

あなたの弟さんはサッカーをしますか。— いいえ，しません。

★ (6) (　　　　) you (　　　　) English on Thursdays?

— No, (　　　　)(　　　　).

あなたたちは木曜日に英語がありますか。

— いいえ，ありません。

★ **1**(2) 主語が3人称単数だが，否定文では動詞を原形にすることに注意。

★ **1**(6) 「あなたたちは」と聞かれているので，答えの文の主語は「私たちは」。

一般動詞の現在形は，主語がⅠやyou，複数のときはそのままの形で，he, she, itなどの3人称単数のときは(e)sがついた形を使います。

Ⅰ （　）に適する語を入れて日本文に合う英文にしましょう。

(1) Ⅰ（　　　　）tennis after school.
　　私は放課後，テニスをします。

(2) Mike（　　　　）the guitar on Sundays.
　　マイクは日曜日にはいつもギターをひきます。

★ (3) Ichiro（　　　　）English every day.
　　一郎は毎日英語を勉強します。

★ (4) My brother（　　　　）a new camera.
　　私の兄は新しいカメラを持っています。

(5) Bob and Nancy（　　　　）Japanese.
　　ボブとナンシーは日本語を話します。

(6) We（　　　　）this song.
　　私たちはこの歌が好きです。

★ ❶(3) 主語が3人称単数。「～を勉強する」はstudy。
★ ❶(4) 主語が3人称単数。have（～を持っている）は特別な変化をする。

[復習] be動詞の使い分けの整理

月　　日

7問中　　問正解

be動詞は「〜です」「(〜に)います〔あります〕」の意味を表し, am, are, is の3つがあります。
am, are, is は, 主語によって使い分けます。

I (　　) に適する語を入れて日本文に合う英文にしましょう。

(1) I (　　　　) Yuka.　私は由香です。

(2) You (　　　　) a good cook.
あなたは料理がじょうずですね。

(3) My name (　　　　) Mike.
私の名前はマイクです。

(4) Miki and I (　　　　) thirteen.
美樹と私は13歳です。

★ (5) My cat (　　　　) in the kitchen.
私のねこは台所にいます。

★ (6) (　　　　) my classmate.
彼は私のクラスメイトです。

★ (7) (　　　　) busy today.　But (　　　　) free.
彼らは今日, 忙しい。しかし, 私はひまです。

★ **I** (5) be動詞には「(〜に)います〔あります〕」の意味もある。
★ **I** (6)(7) 短縮形を使う。

月　　　日

/100点

---

1 （　）内から適する語を選び，○で囲みましょう。　　　（5点×4）

(1) I (am, likes, like) this book.

私はこの本が好きです。

(2) Keiko (use, uses, is) the computer every day.

恵子は毎日そのコンピューターを使います。

(3) Tom (doesn't, don't, isn't) play the piano.

トムはピアノをひきません。

(4) (Are, Do, Does) they live in Tokyo?

— Yes, they (are, do, does).

彼らは東京に住んでいますか。— はい，住んでいます。

2 次の英文を，▶ に続く指示にしたがって書きかえましょう。　　　（6点×4）

(1) I study English. ▶ 主語の I を She にかえて

→She (　　　　) English.

(2) You get up at six. ▶「6時に起きません」という否定文に

→You (　　　　) get up at six.

(3) He drives a car. ▶「車を運転しません」という否定文に

→He (　　　)(　　　　) a car.

(4) He has a camera in his bag. ▶ 下線部をたずねる疑問文に

→ (　　　)(　　　　) he (　　　　) in his bag?

→ 裏に続きます。

3 ( ) に適する語を入れて日本文に合う英文にしましょう。 (6点×4)

(1) Lucy (　　　　) a sister.
　　ルーシーには妹が1人います。

(2) We often (　　　　) baseball.
　　私たちはよく野球をします。

(3) (　　　　) your father (　　　　) tennis?
　　あなたのお父さんはテニスをしますか。

(4) No, he (　　　　).
　　いいえ，しません。〈(3)の答え〉

4 日本文を英語になおしましょう。 (8点×4)

(1) 私たちは毎日学校に行きます。

....

(2) 森さん(Ms. Mori)は京都に住んでいます。

....

(3) 彼らは日本語を話しません。

....

(4) 彼はあなたの名前を知っていますか。

....

What time [day] ~ ?

「時刻」をたずねるときは What time，「曜日」をたずねるときは What day を使います。「何時に~するか」は What time do [does] ~ ? で表します。

1 （　　）に適する語を入れて日本文に合う英文にしましょう。

(1) (　　　　) (　　　　) is it?

— (　　　　) (　　　　) five thirty.

何時ですか。— 5 時30分です。

(2) (　　　　) (　　　　) is it today?

— (　　　　) Saturday.

今日は何曜日ですか。— 土曜日です。

★ (3) (　　　　) (　　　　) do you get up?
起きる

— I get up (　　　　) six.

あなたは何時に起きますか。— 私は 6 時に起きます。

★ (4) (　　　　) (　　　　) does he go to bed?
寝る

— He (　　　　) to bed (　　　　) eleven.

彼は何時に寝ますか。— 11時に寝ます。

カついてきた！

★ **1**(3)(4)「~時に」は，時刻の前に at を入れる。

Where は「どこ」(場所)，When は「いつ」(時)，Who は「だれ」(人)とたずねるときに使う疑問詞で，文の最初におきます。

I （　　）に適する語を入れて日本文に合う英文にしましょう。

(1) (　　　　) is that boy? ― (　　　　) Bob.

あの少年はだれですか。― ボブです。

(2) (　　　　) is Yumi? ― (　　　　) in the kitchen.

由美はどこにいますか。― 彼女は台所にいます。

(3) (　　　　) is your birthday?

あなたの誕生日はいつですか。

(4) (　　　　)(　　　　) Mr. Kato live?

― He (　　　　) in Kyoto.

加藤さんはどこに住んでいますか。― 京都です。

★ (5) (　　　　)(　　　　) in this house?

だれがこの家に住んでいますか。

(6) (　　　　)(　　　　) you do your homework?

あなたはいつ宿題をしますか。

★ **❶**(5) 主語の who は 3 人称単数扱いをするので，動詞の形に注意。

Which は「どちら〔どれ〕」「どちらの〔どの〕～」と，Whose は「だれの～」「だれのもの」とたずねるときに使う疑問詞です。

I （　　）に適する語を入れて日本文に合う英文にしましょう。

(1) （　　　　） is your book? — （　　　　） one.

あなたの本はどちらですか。— こちらです。

(2) （　　　　） bag is this? — It's （　　　　）.

これはだれのかばんですか。— 私のです。

★ (3) （　　　　）（　　　　） do you want?

あなたはどちらの自転車がほしいですか。

(4) （　　　　） is that big house? — It's ours.

あの大きい家はだれのものですか。— 私たちのものです。

★ (5) （　　　　）（　　　　） is that? — It's ours.

あれはだれの家ですか。— 私たちのものです。

★ (6) （　　　　） bus （　　　　） to the station?

— Take Bus No. 1.

どのバスが駅へ行きますか。— 1番のバスに乗ってください。

★ ❶(3)(5) どちらも疑問詞のあとに名詞がくる。
★ ❶(6)「どのバス」は3人称単数扱いで主語なので，動詞の形に注意する。

34

How ～ ?

How は「どう」と様子や状態をたずねたり,「どのようにして」と手段や方法をたずねたりする ときに使う疑問詞で, 文の最初におきます。

1 (　　) に適する語を入れて日本文に合う英文にしましょう。

★ **(1)** (　　　　) (　　　　) your grandmother?
祖母
あなたのおばあさんはお元気ですか。

(2) (　　　　) (　　　　) the weather today?
天気
— (　　　　) sunny.
晴れた
今日の天気はどうですか。— 晴れです。

(3) (　　　　) do you come to school?
— I come (　　　　) bus.
あなたはどうやって学校に来ますか。— バスで来ます。

(4) (　　　　) (　　　　) are you?
— I'm fourteen.
あなたは何歳ですか。— 14歳です。
なんさい

★ **(5)** (　　　　) (　　　　) does it take to the station?
— (　　　　) (　　　　) about ten minutes.
分
駅までどれくらい時間がかかりますか。
— 約10分かかります。

★ ❶(1)「～は元気ですか」は「～はどう〔どんな様子〕ですか」と考える。
★ ❶(5)「(時間の)長さ」は how long でたずねる。主語は it を使う。

名詞の複数形は，ふつうは語尾に s をつけますが，box などは es を，city などは y を i にかえて es をつけます。不規則に変化する語もあります。

1 次の名詞の複数形を書きましょう。

(1) dog （犬）　　（　　　　　）　(2) book（本）　　（　　　　　）

(3) bird （鳥）　　（　　　　　）　(4) car 　（車）　　（　　　　　）

(5) bike （自転車）（　　　　　）　(6) box 　（箱）　　（　　　　　）

★ (7) man （男性）　（　　　　　）

★ (8) child （子ども）（　　　　　）

2 〔　　〕内の名詞を適する形にして，（　　　）に入れましょう。

(1) I have two (　　　　　). 　　　　　　　　　　　〔sister〕
私には妹が 2 人います。

(2) Do you have any (　　　　) in Tokyo? 　　　　〔friend〕
あなたは東京に友達がいますか。

★ (3) My father visits some (　　　　) every month. 　〔city〕
私の父は毎月いくつかの都市を訪れます。

★ ❶(7)(8) ともに不規則に変化して複数形を作る語。
★ ❷(3) y を i にかえて es をつける語。

How many 〜 ?

How many 〜 は「いくつの〜」という意味で，数をたずねるときに使います。How many は文の最初におき，あとには名詞の複数形がきます。

1 （　　）に適する語を入れて日本文に合う英文にしましょう。

(1) (　　　　) (　　　　) brothers do you have?

　— I (　　　) two brothers.

　あなたは兄弟が何人いますか。— 2人います。

★ (2) (　　　　) (　　　　) dictionaries does he have?
　　　　　　　　　　　辞書

　— He (　　　) three dictionaries.

　彼は辞書を何冊持っていますか。— 3冊持っています。

(3) (　　　　) (　　　　) pencils do you want?

　— I want (　　　) (　　　　).

　あなたはえんぴつを何本ほしいですか。— 10本ほしいです。

★ (4) (　　　　) (　　　　) (　　　　) does she have?

　— Three.

　彼女はねこを何匹飼っていますか。— 3匹です。

あと3分だけ
続ける？

★ **1**(2) 答えの文の動詞の形に注意。
★ **1**(4) How many のあとの名詞は複数形にする。

「〜しなさい」という命令文は，主語を省略して，動詞の原形（s などがつかないもとの形）で文を始めます。please をつけると，命令の調子がやわらかくなります。

1 次の英文を命令文に書きかえましょう。

(1) You use this dictionary.

→ (　　　　　) this dictionary. （この辞書を使いなさい。）

(2) You wash your hands.

→ (　　　　　) your hands. （手を洗いなさい。）

★ (3) You are kind to old people.

→ (　　　　　) kind to old people. （お年寄りに親切にしなさい。）

2 (　　) に適する語を入れて日本文に合う英文にしましょう。

(1) (　　　　　) English in this class.
この授業では英語を話しなさい。

(2) Please (　　　　) here.
こちらに来てください。

★ (3) (　　　　) the window, (　　　　).
窓を開けてください。

★ **1**(3) 「〜でありなさい」という be 動詞の命令文。be 動詞の原形は be。
★ **2**(3) please は文末にくる場合もある。その場合，前にコンマ(,)をつける。

Don't ～ . / Let's ～ .

「～してはいけません」というときは，動詞の原形(s などがつかないもとの形)の前に Don't をおきます。「～しましょう」というときは，動詞の原形の前に Let's をおきます。

1 次の英文を，▶ に続く指示にしたがって書きかえましょう。

(1) Open the window. ▶「～してはいけません」という文に

→ (　　　　　) open the window.　(窓を開けてはいけません。)

(2) Go home. ▶「～しましょう」という文に

→ (　　　　　) go home.　(家に帰りましょう。)

2 (　　) に適する語を入れて日本文に合う英文にしましょう。

★ **(1)** (　　　　　) be late again.
二度と遅刻してはいけません。

★ **(2)** (　　　　　)(　　　　　) pictures here.
ここでは写真を撮ってはいけません。

(3) (　　　　　) study English.
英語の勉強をしましょう。

(4) (　　　　　)(　　　　　) tennis this afternoon.
今日の午後，テニスをしましょう。

★ **2**(1)「～であってはいけません」という be 動詞の否定の命令文。
★ **2**(2)「写真を撮る」は take pictures。

代名詞①

I, you, he などの代名詞には，それぞれ主語として使われる形，「だれだれの〜」の意味を表す形，「だれだれを」の意味を表す形があります。

1 （　　）内の語（句）を適する代名詞に変えましょう。

(1) (Ken and I) go to school every day.　　　　　（　　　　）
けん
健と私は毎日学校に行きます。

(2) (Mike's) father likes baseball.　　　　　　　（　　　　）
マイクのお父さんは野球が好きです。

(3) Does Lucy know (Kenta and Miki)?　　　　　（　　　　）
けん た　　み き
ルーシーは健太と美樹を知っていますか。

2 （　　）に適する語を入れて日本文に合う英文にしましょう。

(1) Please help (　　　　　).
私を手伝ってください。

★ (2) Are these (　　　　) balls?
これらはあなたたちのボールですか。

(3) (　　　　　) loves (　　　　) children.
かのじょ
彼女は彼女の子どもたちを愛しています。

★ **2**(2) 単数の「あなたの」を表す形と複数の「あなたたちの」を表す形は同じ。

40 代名詞②

代名詞には，「～は」「～の」「～を〔に〕」の意味を表す形のほかに，「～のもの」という意味で使われる形もあります。

1 （　）に適する語を入れて日本文に合う英文にしましょう。

(1) Is this my pen? — Yes.　It's (　　　　).

これは私のペンですか。— はい。それはあなたのものです。

(2) Is this Ken's book? — Yes.　It's (　　　　).

これは健の本ですか。— はい。それは彼のものです。

(3) Whose guitar is this? — It's (　　　　).

これはだれのギターですか。— それは私のものです。

(4) Whose is that red car? — It's (　　　　).

あの赤い車はだれのものですか。— それは私たちのものです。

2 各組の英文がほぼ同じ意味になるように，（　）に適する語を入れましょう。

★ (1) This is her pencil.　（これは彼女のえんぴつです。）

＝This pencil is (　　　　).

★ (2) Those are their bikes.　（あれらは彼らの自転車です。）

＝Those bikes are (　　　　).

やる気送ります！

★ ❷(1) 「このえんぴつは彼女のものです」と考える。
★ ❷(2) 「あれらの自転車は彼らのものです」と考える。

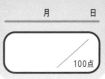
1 （　　）内から適する語（句）を選び，○で囲みましょう。 （5点×4）

(1) I love (he, his, him).
私は彼を愛しています。

(2) Do you know (they, their, them) names?
あなたは彼らの名前を知っていますか。

(3) Let's (goes, going, go) to the station.
駅に行きましょう。

(4) A lot of (child, childs, children) study here.
たくさんの子どもたちがここで勉強します。

2 （　　）内から適する語を選び，○で囲みましょう。 （6点×4）

(1) (When, Where, How) do you go to school?
— I go to school by bike.

(2) (When, Where, How) is Mary's birthday?
— It's November 11.

(3) (Which, Where, How) is your bag?
— This one.

(4) (Who, When, Where) is your English teacher?
— Ms. Kato is.

→ 裏に続きます。

3 ( ) に適する語を入れて日本文に合う英文にしましょう。 (6点×4)

(1) ( )( ) tennis after school.

放課後テニスをしましょう。

(2) ( ) at these ( ).

この犬たちを見なさい。

(3) ( )( ) is it today?

— ( ) Wednesday.

今日は何曜日ですか。— 水曜日です。

(4) ( ) pencil is this? — It's ( ).

これはだれのえんぴつですか。— それは私のものです。

4 日本文を英語になおしましょう。 (8点×4)

(1) 何時ですか。

....

(2) この箱を開けてはいけません。

....

(3) これらは私たちの本です。

....

(4) あなたは姉妹が何人いますか。

....

「～しているところです」という意味で，今，動作が進行している最中であることを表すときは，
〈am, is, are＋動詞の ing 形〉の形で表します。

1 （　　）内から適する語を選び，○で囲みましょう。

★ (1) I (am, is, are) studying English.
　　私は英語を勉強しています。

★ (2) She (am, is, are) helping her mother.
　　彼女<ruby>かのじょ</ruby>はお母さんを手伝っています。

(3) We're (listen, listens, listening) to music.
　　私たちは音楽を聞いています。

2 次の英文を「～しています」という文に書きかえましょう。

(1) They play soccer. （彼<ruby>かれ</ruby>らはサッカーをします。）
　　→They (　　　　) (　　　　) soccer.

(2) You watch TV. （あなたはテレビを見ます。）
　　→You (　　　　) (　　　　) TV.

★ (3) Bob reads a book. （ボブは本を読みます。）
　　→Bob (　　　　) (　　　　) a book.

★ **1**(1)(2)「～している」は〈be 動詞＋動詞の ing 形〉で表す。
★ **2**(3) 動詞の ing 形は動詞の原形に ing をつける。

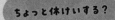

ちょっと休けいする？

43 注意したい動詞の ing 形

月　　日

9問中　　問正解

動詞の ing 形は，動詞の原形（s などがつかないもとの形）に ing をつけて作りますが，語尾の e をとったり，語尾の 1 字を重ねたりして ing をつけるものもあります。

1 次の動詞の ing 形を書きましょう。

(1) cook　（料理する）　　　　　　　　　　　（　　　　　）

(2) make　（作る）　　　　　　　　　　　　（　　　　　）

(3) write　（書く）　　　　　　　　　　　　（　　　　　）

(4) have　（食べる）　　　　　　　　　　　（　　　　　）

★ (5) run　（走る）　　　　　　　　　　　　（　　　　　）

★ (6) sit　（すわる）　　　　　　　　　　　（　　　　　）

2 〔　　〕内の動詞を必要があれば適する形にして，（　　　）に入れましょう。

(1) I'm (　　　　　　) a computer now.　　　　　〔use〕
コンピューター
私は今，コンピューターを使っています。

★ (2) A lot of children are (　　　　　　).　　　　〔swim〕
たくさんの子どもたちが泳いでいます。

★ (3) I (　　　　　　) the children.　　　　　　〔know〕
私はその子どもたちを知っています。

★ ❶(5)(6) / ❷(2) 語尾の 1 字を重ねて ing をつける。
★ ❷(3) 「知っている」など，状態を表す動詞はふつうは進行形にはしない。

44

He isn't studying ~ .

月　　日

6問中　　問正解

現在進行形の否定文は，ふつうの be 動詞の文と同じで，be 動詞(am, is, are)のあとに not をおきます。isn't などの短縮形もよく使われます。

1 次の英文を否定文に書きかえましょう。

(1) I am playing the piano. （私はピアノをひいています。）

→I (　　　　) (　　　　) playing the piano.

(2) He is having breakfast. （彼は朝食を食べています。）

→He (　　　　) having breakfast.

2 (　　) に適する語を入れて日本文に合う英文にしましょう。

(1) Akiko (　　　　) reading a book.
亜希子は本を読んでいません。

(2) They (　　　　) (　　　　) to music.
彼らは音楽を聞いていません。

★ (3) I'm (　　　　) (　　　　) an e-mail.
私は E メールを書いていません。
E メール

★ (4) George (　　　　) (　　　　) in the park.
ジョージは公園を走っていません。

ミスはないかな？

★ ②(3)「～を書く」は write。
★ ②(4) is not を短縮形にする。「走る」は run。

現在進行形の疑問文は，ふつうの be 動詞の文と同じで，be 動詞(am, is, are)を主語の前に出して作ります。答えの文も be 動詞を使います。

1 次の英文を疑問文に書きかえましょう。

(1) You are watching TV now. （あなたは今，テレビを見ています。）

→ (　　　　) (　　　　) watching TV now?

(2) Ken is talking with Ann. （健はアンと話しています。）

→ (　　　　) (　　　　) talking with Ann?

2 (　　) に適する語を入れて日本文に合う英文にしましょう。

★ (1) (　　　　) you (　　　　) now? — Yes, I (　　　　).

あなたは今，勉強しているのですか。— はい，しています。

★ (2) (　　　　) he (　　　　) in the park?

— Yes, he (　　　　).

彼は公園を走っていますか。— はい，走っています。

★ (3) (　　　　) (　　　　) (　　　　) soccer?

— No, they (　　　　).

彼らはサッカーをしているのですか。

— いいえ，していません。

★ ②答えの文では，ふつうの be 動詞の文と同じように，be 動詞を使って答える。

46

What is[are] ～ doing?

月　　日

5問中　　問正解

「何を～しているところですか」は，What のあとに現在進行形の疑問文を続けて〈What is[are, am]＋主語＋動詞の ing 形…?〉の形にします。

1 （　　）に適する語を入れて日本文に合う英文にしましょう。

(1) （　　　　）are you （　　　　）?

— I'm （　　　　）.

あなたは何をしていますか。— 私は勉強しています。

(2) （　　　　）（　　　　）Yumi doing?

— She's （　　　　）in the park.

由美は何をしていますか。— 彼女は公園で走っています。

★ (3) （　　　　）Kenta （　　　　）?

健太は何をしていますか。

(4) （　　　　）is he （　　　　）?

— He's （　　　　）a letter.

彼は何をしていますか。— 手紙を書いています。

★ (5) （　　　　）（　　　　）in the kitchen?

— My father （　　　　）.

だれが台所で料理していますか。— 私の父です。

やる気送ります！

★ **1**(3) What is の短縮形を入れる。
★ **1**(5) 「だれが」は who で 3 人称単数扱い。空所の数から，短縮形にする。

「～できる」というときは、〈can＋動詞の原形〉で表します。否定文は can のかわりに can't や cannot を使い、あとの動詞は原形（s などがつかないもとの形）が続きます。

1 (1)(2)は「～できる」の文に、(3)は「～できない」の文に書きかえましょう。

(1) I run fast. （私は速く走ります。）

→ I (　　　　　) run fast.

★ (2) My father speaks English. （私の父は英語を話します。）

→ My father (　　　　) (　　　　) English.

★ (3) He plays the piano. （彼はピアノをひきます。）

→ He (　　　　) (　　　　) the piano.

2 (　　　) に適する語を入れて日本文に合う英文にしましょう。

(1) They (　　　　) (　　　　) fast.

彼らは速く泳げます。

(2) She (　　　　) (　　　　) two languages.

彼女は 2 か国語が話せます。

(3) Mark (　　　　) (　　　　) Japanese.

マークは日本語が読めません。

ちりつもだね。

★ ❶(2) 主語が 3 人称単数でも can は変化しない。

★ ❶(2)(3) can, can't のあとの動詞はいつも原形。

48 Can you ~ ?

月　　日

5問中　　問正解

「~できますか」とたずねる疑問文は，can を主語の前に出します。あとの動詞は原形（s などが
つかないもとの形）です。can の疑問文 Can ~? には，can を使って答えます。

1 次の英文を疑問文に書きかえましょう。

(1) You can swim well. （あなたはじょうずに泳げます。）

→ (　　　　) (　　　　) swim well?

★ (2) Lucy can play the piano. （ルーシーはピアノがひけます。）

→ (　　　　) Lucy (　　　　) the piano?

2 (　　) に適する語を入れて日本文に合う英文にしましょう。

(1) (　　　　) (　　　　) use a computer?
コンピューター
あなたはコンピューターが使えますか。

(2) (　　　　) (　　　　) cook?

— Yes, they (　　　　).

彼らは料理ができますか。— はい，できます。

★ (3) (　　　　) your brother (　　　　) Chinese?

— No, he (　　　　).

あなたのお兄さんは中国語が話せますか。

— いいえ，話せません。

★ **1**(2) can の文では，主語が 3 人称単数でも動詞は原形。
★ **2**(3) 答えの文では，can not を 1 語にした形か短縮形が入る。

49 許可・依頼を表す can

「〜してもいいですか」と許可を求めるときは Can I 〜?,「〜してくれますか」と依頼するときは Can you 〜? で表します。

1 （　）内から適する語句を選び, ○で囲みましょう。

(1) (Can I, Can you) use this pen?
このペンを使ってもいいですか。

(2) (Can I, Can you) help me?
手伝ってくれますか。

★ (3) (Can I, Can you) open the door?
ドアを開けてくれますか。

2 （　）に適する語を入れて日本文に合う英文にしましょう。

(1) (　　　　) (　　　　) come in? — Sure.
入ってもいいですか。— いいですよ。

(2) (　　　　) (　　　　) use your dictionary? — OK.
あなたの辞書を使ってもいいですか。— いいですよ。

(3) (　　　　) (　　　　) close the window? — Sure.
窓を閉めてくれますか。— いいですよ。

★ **1**(3)「ドアを開ける」という動作をする主語を考える。

50 まとめテスト④

現在進行形・can の文

月　　日

/100点

1 （　　）内から適する語（句）を選び，○で囲みましょう。　　(5点×4)

(1) (Can, Do, Are) you listening to music?
あなたは音楽を聞いているところですか。

(2) Taro (has, is having, can have) a sister.
太郎には妹が 1 人います。

(3) Ann is (drive, drives, driving) a car.
アンは車を運転しているところです。

(4) Mike can (cook, cooks, cooking) well.
マイクはじょうずに料理ができます。

2 次の英文を，▶ に続く指示にしたがって書きかえましょう。　　(6点×4)

(1) I study English.　▶「(今)〜しています」の文に

→I (　　　　　) (　　　　　　　) English.

(2) Bill runs fast.　▶「(今)〜しています」の文に

→Bill (　　　　　) (　　　　　　　) fast.

(3) He uses a computer.　▶「〜を使うことができます」という文に

→He (　　　　　) (　　　　　) a computer.

(4) Tom is swimming now.　▶「だれが泳いでいるか」とたずねる文に

→ (　　　　　) (　　　　　) swimming now?

⟶ 裏に続きます。

3 ( ) に適する語を入れて日本文に合う英文にしましょう。 (6点×4)

(1) (　　　) they playing soccer?

— No, they (　　　).

彼らはサッカーをしていますか。— いいえ，していません。

(2) (　　　)(　　　) answer this question?

— Yes, I (　　　).

あなたはこの質問に答えられますか。— はい，答えられます。

(3) (　　　) is she (　　　) tennis?

彼女はどこでテニスをしていますか。

(4) (　　　)(　　　) help us? — Sure.

私たちを手伝ってくれますか。— いいですよ。

4 日本文を英語になおしましょう。 (8点×4)

(1) あなたは何をしていますか。

(2) この自転車を使ってもいいですか。

(3) トム (Tom) は今，テレビを見ていません。

(4) 彼女は日本語が読めません。

過去の文（規則動詞）

月　　日

6問中　　問正解

過去のことをいうときは動詞を過去形にします。過去形は，動詞の原形（s などがつかないもとの形）にed をつけて作ります。主語が何でも形は同じです。

1 下線部を yesterday にかえて，書きかえましょう。

(1) I play the piano <u>every day</u>.　（私は毎日ピアノをひきます。）

→I (　　　　) the piano yesterday.

(2) He plays tennis <u>after school</u>.　（彼は放課後テニスをします。）

→He (　　　　) tennis yesterday.

2 〔　　〕内の動詞を適する形にして，（　　）に入れましょう。

(1) He (　　　　　) TV <u>last night</u>.　　　　　　　　〔watch〕
　　　　　　　　　昨夜
彼は昨夜，テレビを見ました。

(2) We (　　　　　) our father.　　　　　　　　　　　〔help〕
私たちは父親を手伝いました。

★ (3) Bob (　　　　　) in Nara <u>last year</u>.　　　　　　〔live〕
　　　　　　　　　　　　　　　昨年
ボブは昨年，奈良に住んでいました。

★ (4) My sister (　　　　　) math last night.　　　　　〔study〕
私の姉は昨夜，数学を勉強しました。

ちりつもだね。

★ ②(3) 語尾が e で終わる語は d だけをつける。
★ ②(4) y を i にかえて ed をつける動詞。

一般動詞の過去形は，ふつうは語尾に(e)dをつけますが，動詞によっては不規則に変化して過去形を作るものがあります。

1 次の動詞の過去形を書きましょう。

(1) come 　（来る）　　　　　　　　　　　（　　　　　）

(2) sit 　（すわる）　　　　　　　　　　　（　　　　　）

(3) write 　（～を書く）　　　　　　　　　（　　　　　）

(4) make 　（～を作る）　　　　　　　　　（　　　　　）

(5) run 　（走る）　　　　　　　　　　　　（　　　　　）

(6) see 　（～を見る）　　　　　　　　　　（　　　　　）

2 〔　　〕内の動詞を適する形にして，（　　　）に入れましょう。

★ (1) Shota （　　　　　） a big bag.　　　　　　　〔have〕
　　　翔太は大きなかばんを持っていました。

(2) They （　　　） to Kyoto last week.　　　　　　〔go〕
　　　彼女たちは先週，京都へ行きました。

★ (3) Kumi （　　　　　） up at six this morning.　　〔get〕
　　　久美は今朝，6 時に起きました。

★ **2**(1)(3) 過去形の形は主語が 3 人称単数でも変化することはない。

不規則動詞の過去形は1つ1つ覚えましょう。過去形は，主語が3人称単数でも形が変化することはありません。

1 次の英文を過去の文に書きかえましょう。

(1) I see some boys. （何人かの少年が見えます。）

　　→I (　　　　　) some boys.

★ (2) Jim gets home at six. （ジムは6時に家に着きます。）

　　→Jim (　　　　　) home at six.

2 〔　　〕内の動詞を適する形にして，（　　）に入れましょう。

★ (1) He (　　　　　) to bed at ten last night.　　　　　〔go〕
　　彼は昨夜，10時に寝ました。

(2) They (　　　　　) a cake last Sunday.　　　　　〔make〕
　　彼女たちはこの前の日曜日にケーキを作りました。
　　　　　　　　　　この前の日曜日

(3) Takeshi (　　　　　) here last week.　　　　　〔come〕
　　武志は先週，ここに来ました。
　　　　　　　　　　　　先週

ミスはないかな？

★ **1**(2) 過去形は主語が3人称単数でも同じ形。
★ **2**(1) 「寝る」は go to bed。go の過去形は不規則に変化する。

一般動詞の過去の否定文は，動詞の前に did not（=didn't）をおきます。主語がかわっても形は同じです。あとの動詞は原形（ed などがつかないもとの形）にします。

1 次の英文を否定文に書きかえましょう。

★ (1) We played soccer.　（私たちはサッカーをしました。）

→We (　　　) not (　　　) soccer.

(2) She played the piano.　（彼女はピアノをひきました。）

→She (　　　)(　　　) the piano.

2 (　　) に適する語を入れて日本文に合う英文にしましょう。

(1) I (　　　) watch TV yesterday.

私は昨日，テレビを見ませんでした。

(2) Ann (　　　)(　　　) to the party.

アンはパーティーに来ませんでした。

(3) They (　　　)(　　　) your name.

彼らはあなたの名前を知りませんでした。

★ (4) He (　　　)(　　　) breakfast this morning.
　　　今朝

彼は今朝，朝食を食べませんでした。

★ **1**(1) did not のあとの動詞は ed がつかない形（原形）にする。
★ **2**(4)「食べる」は have か eat を使う。

過去の疑問文

いっぱん
一般動詞の過去の疑問文は，文の最初に Did をおきます。動詞は原形(ed などがつかないもとの形)にします。答えの文でも did や didn't を使います。

1 次の英文を疑問文に書きかえましょう。

(1) You watched TV last night. （あなたは昨夜テレビを見ました。）

→ (　　　　) you watch TV last night?

(2) He went to school yesterday. （彼は昨日学校に行きました。）

→ (　　　　) he (　　　　) to school yesterday?

2 (　　) に適する語を入れて日本文に合う英文にしましょう。

(1) (　　　　) she (　　　　) breakfast?
かのじょ
彼女は朝食を食べましたか。

(2) (　　　　) he (　　　　) tennis last Sunday?

— Yes, he (　　　　).

彼はこの前の日曜日にテニスをしましたか。— はい，しました。

★ (3) (　　　　) you (　　　　) up at six?

— No, I (　　　　).

あなたは 6 時に起きましたか。

— いいえ，起きませんでした。

★ **2**(3) 「起きる」は get up。答えの文では did not の短縮形を使う。

疑問詞で始まる疑問文

疑問詞で始まる疑問文は，疑問詞のあとに一般動詞の過去の疑問文を続けて〈疑問詞＋did＋主語＋動詞の原形（ed などがつかないもとの形）〜?〉の形にします。

Ⅰ　（　　）に適する語を入れて日本文に合う英文にしましょう。

(1) （　　　　）（　　　　）you see there?
あなたはそこで何を見ましたか。

(2) （　　　　）（　　　　）you see him?
あなたはいつ彼を見かけましたか。

(3) （　　　　）（　　　　）you see him?
あなたはどこで彼を見かけましたか。

(4) （　　　　）did they（　　　　）here?
彼らはどのようにしてここに来ましたか。

(5) （　　　　）did she（　　　　）to Japan?
彼女はいつ日本に来ましたか。

★ (6) （　　　　）did you（　　　　）last Sunday?
　— I（　　　　）with Bob.
あなたはこの前の日曜日，何をしましたか。
　— ボブと勉強しました。

あと3分だけ
続ける？

★ ❶(6)「〜をする」は動詞 do を使う。

be動詞（am, is, are）も過去の文では，過去形の was か were にします。was は am と is の過去形で，were は are の過去形です。

1 次の英文を過去の文に書きかえましょう。

(1) I am thirteen years old. （私は13歳です。）

I (　　　　) thirteen years old <u>last year</u>.
昨年

(2) You are free. （あなたはひまです。）

You (　　　　) free <u>yesterday afternoon</u>.
昨日の午後

2 （　　）に適する語を入れて日本文に合う英文にしましょう。

(1) I (　　　　) in Sapporo yesterday.
私は昨日，札幌にいました。

(2) Her bike (　　　　) new.
彼女の自転車は新しかったです。

(3) We (　　　　) in the same class last year.
私たちは昨年，同じクラスでした。

★ (4) These books (　　　　) interesting.
これらの本はおもしろかったです。

いいペースだね。

★ ❷(4) These books は複数の主語。

was, were の否定文は, was, were のあとに not をおきます。疑問文は was, were を主語の前に出して, Was, Were で文を始めます。

1 次の⑦と④の英文を, それぞれ否定文と疑問文に書きかえましょう。

⑦ She was busy yesterday. （彼女は昨日, 忙しかったです。）

(1) 否定文 ▶ She (　　　　) (　　　　) busy yesterday.

(2) 疑問文 ▶ (　　　　) (　　　　) busy yesterday?

④ They were kind to Tom. （彼らはトムに親切でした。）

(3) 否定文 ▶ They (　　　　) (　　　　) kind to Tom.

(4) 疑問文 ▶ (　　　　) (　　　　) kind to Tom?

2 (　　) に適する語を入れて日本文に合う英文にしましょう。

★ (1) We (　　　　) in the classroom then.
　　私たちはそのとき教室にいませんでした。

(2) (　　　　) you a high school student last year?
　　あなたは昨年高校生でしたか。

★ (3) (　　　　), I (　　　　).
　　いいえ, 高校生ではありませんでした。〈(2)の答え〉

★ **2**(1) 空所の数から短縮形にする。
★ **2**(3) be 動詞の疑問文には be 動詞を使って答える。

ちょっと休けいする？

「〜していました」と，過去のある時点に動作が進行中であったことを表すときは，〈was[were] +動詞の ing 形〉の形(過去進行形)にします。

1 次の英文を「〜していました」という文に書きかえましょう。

(1) I am playing the piano. (私はピアノをひいています。)

I (　　　) (　　　　　) the piano.

(2) They had lunch. (彼らは昼食を食べました。)

They (　　　) (　　　　　) lunch.

2 ( ) に適する語を入れて日本文に合う英文にしましょう。

(1) Sayaka (　　　　) (　　　　　) a book.
紗也香は本を読んでいました。

★ (2) You (　　　) (　　　　　) to music.
あなたは音楽を聞いていました。

(3) I (　　　) (　　　　　) English.
私は英語を勉強していました。

★ (4) Kate and I (　　　) (　　　　　) in the park.
ケイトと私は公園を走っていました。

力ついてきた！

★ ②(2)「音楽を聞く」は listen to music.
★ ②(4) 主語は複数。run(走る)は n を重ねて ing をつける。

過去進行形の否定文・疑問文

進行形の否定文・疑問文は，ふつうの be 動詞の文と同じ。否定文は be 動詞のあとに not をおき，疑問文は be 動詞を主語の前に出します。

1 次の英文を，(1)は否定文に，(2)は疑問文に書きかえましょう。

(1) I was talking with Mike. （私はマイクと話していました。）

I (　　　　) (　　　　) talking with Mike.

(2) They were enjoying the class. （彼らは授業を楽しんでいました。）

(　　　　) (　　　　) enjoying the class?

2 (　　　) に適する語を入れて日本文に合う英文にしましょう。

(1) He (　　　　) (　　　　) the computer.

彼はそのコンピューターを使っていませんでした。

★ (2) (　　　　) they (　　　　) in the sea?

— No, they (　　　　).

彼らは海で泳いでいましたか。— いいえ，泳いでいませんでした。

(3) (　　　　) (　　　　) you (　　　　) then?

— I (　　　　) sleeping.

あなたはそのとき何をしていましたか。

— ねむっていました。

ミスはないかな？

★ **2**(2) swim(泳ぐ)は語尾の m を重ねて ing をつける。
答えの文は，be 動詞を使う。

月　　　日

／100点

1 （　）内から適する語を選び，○で囲みましょう。　　　　　（5点×4）

(1) I (visit, visited, visiting) Kyoto last year.
私は昨年，京都を訪れました。

(2) (Did, Do, Are) you cook last night?
あなたは昨夜，料理しましたか。

(3) She didn't (call, calls, called) me yesterday.
彼女は昨日，私に電話をしませんでした。

(4) Tom (are, was, were) in the gym then.
トムはそのとき体育館にいました。

2 〔　〕内の動詞を適する形にして，（　）に入れましょう。　　　（6点×4）

(1) I (　　　) talking with them <u>at that time</u>.　　〔be〕
私はそのとき彼らと話していました。

(2) They (　　　) in the library.　　〔study〕
彼らは図書館で勉強しました。

(3) She (　　　) home late.　　〔come〕
彼女は遅く帰宅しました。

(4) I (　　　) some books in my bag then.　　〔have〕
私はそのとき，かばんに何冊かの本を持っていました。

→ 裏に続きます。

3 ( ) に適する語を入れて日本文に合う英文にしましょう。　(6点×4)

(1) We ( )( ) tennis then.

私たちはそのときテニスをしていませんでした。

(2) ( ) you ( ) TV yesterday?

— Yes, I ( ).

あなたは昨日，テレビを見ましたか。— はい，見ました。

(3) He ( )( ) this desk today.

彼は今日，この机を使いませんでした。

(4) What time ( ) you ( ) up?

— I ( ) up at seven.

あなたは何時に起きましたか。— 7 時に起きました。

4 日本文を英語になおしましょう。　(8点×4)

(1) 私たちは昨日，学校に行きました。

（ ）

(2) 彼女はこの本を読みませんでした。

（ ）

(3) あなたは昨夜どこにいましたか。

（ ）

(4) あなたはこの前の日曜日，何をしましたか。

（ ）

副詞・接続詞

副詞はおもに動詞を修飾し，程度や状態などを説明します。接続詞は語(句)と語(句)や文と文をつなぎます。よく使われるものをまとめてみましょう。

1 右の囲みの中から適する語を選び，(　　)に書きましょう。

(1) I study English (　　　　).

私は一生けんめい英語を勉強します。

(2) My father swims (　　　　).

私の父はじょうずに泳ぎます。

(3) She (　　　　) visits Kyoto.

彼女はよく京都を訪れます。

> hard
> very
> often
> well

2 (　　)に適する語を入れて日本文に合う英文にしましょう。

★ (1) Do you like *soba* (　　　　) *udon*?

あなたはそばが好きですか，それともうどんが好きですか。

(2) I like dogs, (　　　　) my mother doesn't.

私は犬が好きですが，母は犬が好きではありません。

★ (3) Kenta (　　　　) I (　　　　) good friends.

健太と私は仲のよい友達です。

やる気送ります！

★ ②(1)「AかそれともBか」はA or B。
★ ②(3) 主語が複数になる。あとの be 動詞は am ではないので注意。

63 形容詞

月　　　日

6問中　　問正解

形容詞は，名詞の前にきて名詞を修飾したり，be動詞のあとにきて主語を説明したりする働きをします。

---

1 右の囲みの中から適する語を選び，（　　）に書きましょう。

(1) Tom is a (　　　　) boy.
　　トムは背の高い少年です。

(2) My father has an (　　　　) car.
　　私の父は古い車を持っています。

(3) This book isn't (　　　　　　).
　　この本はおもしろくありません。

| interesting |
| tall |
| cute |
| old |

2 （　　）に適する語を入れて日本文に合う英文にしましょう。

(1) Look at that (　　　　) house.
　　あの新しい家をごらんなさい。

★ (2) Is English (　　　　)?
　　英語は簡単ですか。

★ (3) It's (　　　　) today.
　　今日は暑い。

あと3分だけ
続ける？

★ ❷(2) English is ～. の疑問文。
★ ❷(3) 天候・寒暖を表す文は It's［It is］～. で表す。

前置詞はあとにくる名詞・代名詞とひとまとまりで場所や時などを表します。あとに代名詞がくるときは，目的格（「～を〔に〕」の形）にします。

1 （　　）に適する前置詞を入れて日本語に合う英語にしましょう。

★ (1) (　　　　　) six thirty　　　（6時半に）

★ (2) (　　　　　) Sunday　　　（日曜日に）

★ (3) (　　　　　) May　　　（5月に）

★ (4) (　　　　　) winter　　　（冬に）

(5) (　　　　　) school　　　（放課後に）

(6) (　　　　　) dinner　　　（夕食前に）

(7) (　　　　　) bike　　　（自転車で）

(8) (　　　　　) you and Ken　　　（あなたと健の間に）

2 （　　）内から適する語を選び，○で囲みましょう。

(1) I live (in, on, with) Nagoya.
私は名古屋に住んでいます。

(2) Let's go (at, from, to) the park with
(they, their, them).
彼らといっしょに公園へ行きましょう。

★ ❶(1)～(4) 「時刻」の前には at，「曜日，特定の日」の前には on，
「年，季節，月」の前には in を使う。

あいさつ・紹介・お礼

初対面のあいさつや日常のあいさつのほかに，お礼やおわびの言い方や人を紹介するときの表現を覚えましょう。

1 次の文に対する応答として適するものを右の囲みから選び，記号を入れましょう。

(1) A: Nice to meet you.

B: (　　　　　)

(2) A: How are you?

B: (　　　　　)

(3) A: Thank you very much.

B: (　　　　　)

ア	I'm fine, thank you.
イ	You're welcome.
ウ	Goodbye.
エ	Nice to meet you, too.
オ	Here you are.

2 (　　) に適する語を入れて日本文に合う英文にしましょう。

(1) (　　　　　) (　　　　　) my friend, Mike.

こちらは私の友達のマイクです。

(2) (　　　　　) you again.

また会いましょう。

★ (3) I'm (　　　　　) I'm late.

遅れてすみません。

あと3分だけ
続ける？

★ ❷(3) late は「遅い，遅れた」。

電話の会話で使われる決まった表現や，買い物をするときの店員と客とのやりとりでよく使われる表現を学習します。

1 【電話】（　　）内から適する語（句）を選び，○で囲みましょう。

★ (1) Hello.　(This, I'm, Here) is Ichiro.
　〈電話で〉もしもし。こちらは一郎です。

(2) (Can I, Please, Can you) speak to Ann?
　〈電話で〉アンをお願いします。

2 【買い物】日本文に合う表現を下の囲みから選び，記号を入れましょう。

(1) 店員：ここで召し上がりますか，お持ち帰りですか。（　　　）

(2) 店員：こちらはいかがですか。（　　　）

(3) 客　：いくらですか。（　　　）

(4) 店員：〈物を手渡して〉はい，どうぞ。（　　　）

> ア　How about this one?　イ　Here you are.
> ウ　For here or to go?　エ　You're welcome.
> オ　How much is it?

★ ❶(1) 電話で「こちらは～です」というときの決まった言い方。

場所や行き方をたずねる表現や，あいづちの表現などをまとめて学習します。決まった言い方として覚えましょう。

1 会話が成り立つように，[　　]内から適するものを選び，◯で囲みましょう。

★ (1) A: This dictionary is useful.
　　　　　　　　　辞書　　　役に立つ
　　　B: That's (　　　　). 　　　　　　　　　　　[right / late]

(2) A: I like hamburgers.
　　　　　　　　　ハンバーガー
　　　B: Me, (　　　　). 　　　　　　　　　　　　[right / too]

★ (3) A: (　　　　)　Does this train go to Osaka?

　　　　　　　　　　　　　　　　　[Excuse me. / I'm sorry.]

　　　B: Yes, it does.

2 (　　) に適する語を入れて日本文に合う英文にしましょう。

(1) (　　　　) is the library?

　　図書館はどこですか。

(2) (　　　　) bus goes to the library?

　　どのバスが図書館へ行きますか。

★ ❶(1)「この辞書は役に立ちます」「その通りです」という内容。
★ ❶(3)「すみません。この電車は大阪に行きますか」「ええ，行きます」という内容。

1 （　　）内から適する語を選び，○で囲みましょう。　（5点×4）

(1) Your bag is (under, in, on) the desk.
あなたのかばんは机の上にあります。

(2) I'm busy (day, today, yesterday).
私は今日，忙しい。

(3) Do you like soccer (or, but, and) baseball?
あなたはサッカーが好きですか，それとも野球が好きですか。

(4) (See, Talk, Look) you tomorrow.
明日会いましょう。

2 次の英文に対する応答として適するものを下の囲みから選び，（　　）に記号を入れましょう。　（6点×4）

(1) Thank you.　　　　　　　　　　　　（　　　）

(2) Don't run here.　　　　　　　　　　（　　　）

(3) Nice to meet you.　　　　　　　　　（　　　）

(4) How are you?　　　　　　　　　　　（　　　）

ア　Oh, I'm sorry.
イ　I'm fine, thank you.　And you?
ウ　Nice to meet you, too.　エ　You're welcome.

→ 裏に続きます。

3 ( ) に適する語を入れて日本文に合う英文にしましょう。 (6点×4)

(1) We ( ) played tennis ( ) school.
私たちはよく放課後テニスをしました。

(2) Let's meet ( ) the station ( ) three.
3時に駅で会いましょう。

(3) I was playing soccer ( )( ).
私は彼らといっしょにサッカーをしていました。

(4) Miyuki ( ) I like this book, ( ) Kenji doesn't.
美由紀と私はこの本が好きですが，健二は好きではありません。

4 日本文を英語になおしましょう。 (8点×4)

(1) 公園はどこですか。

....

(2) このかばんはいくらですか。

....

(3) 彼はとてもじょうずにピアノをひきます。

....

(4) 彼女は2009年にここに来ました。

....

月　　　日

/100点

1 （　）内から適する語を選び，○で囲みましょう。　　　　（5点×4）

(1) My brother (live, lives, lived) in Fukuoka.
私の兄は福岡に住んでいます。

(2) (When, Which, Where) is your birthday?
あなたの誕生日はいつですか。

(3) Ann cooked dinner with (he, his, him).
アンは彼といっしょに夕食を料理しました。

(4) Kate didn't (come, comes, came) here today.
ケイトは今日はここに来ませんでした。

2 〔　〕内の語を適する形にして，（　）に入れましょう。　　　　（6点×4）

(1) I know some English (　　　　). 〔song〕
私は英語の歌を何曲か知っています。

(2) He sometimes (　　　) in the library. 〔study〕
彼はときどき，図書館で勉強します。

(3) She's (　　　　) in the park. 〔run〕
彼女は公園で走っています。

(4) I (　　　) lunch at eleven yesterday. 〔have〕
私は昨日は11時に昼食を食べました。

→ 裏に続きます。

3 次の英文を，▶ に続く指示にしたがって書きかえましょう。　　　　　（6点×4）

(1) I go to school every day. ▶ 主語をHeにかえて

　　→He (　　　　　) to school every day.

(2) She is a student. ▶ 主語を They にかえて

　　→They (　　　　　) (　　　　　　　).

(3) I use this computer. ▶「(今)〜しています」の文に

　　→I (　　　　) (　　　　) this computer.

(4) I get to school at seven. ▶ 文末に yesterday をつけて

　　→I (　　　　　) to school at seven yesterday.

4 日本文に合う英文になるように（　　）内の語を並べかえましょう。ただし，文頭の文字も小文字で示してあります。　　　　　（8点×4）

(1) はじめまして。　(to, meet, nice, you).

....

(2) 昨日は寒くありませんでした。

　　(cold, it, not, was) yesterday.

....

(3) あなたはこの本を読みましたか。

　　(this, you, read, did, book)?

....

(4) 彼は英語が話せません。　(English, he, speak, can't).

月　　　日

／100点

1 （　）内から適する語を選び，○で囲みましょう。　（3点×6）

(1) This is Mr. Brown.　(He, She, It) is our English teacher.

(2) She's (watch, watches, watching) TV now.

(3) Taro doesn't (use, uses, used) a computer.

(4) They have three (child, children, childs).

(5) (Who, Whose, Which) book is this? — It's mine.

(6) Thank you very much. — You're (right, sorry, welcome).

2 次の英文を，▶ に続く指示にしたがって書きかえましょう。　（6点×5）

(1) Miki likes soccer.　▶ 疑問文に

　　→ (　　　　) (　　　　) (　　　　) soccer?

(2) She's having lunch now.　▶ 否定文に

　　→ (　　　　) (　　　　) (　　　　) lunch now.

(3) He visited Nara last month.　▶ 疑問文に
　　　　　　　　　　先月

　　→ (　　　　) (　　　　) (　　　　) Nara last month?

(4) He's from Canada.　▶ 下線部をたずねる疑問文に

　　→ (　　　　) (　　　　) (　　　　) from?

(5) Yumi comes to school by bike.　▶ 下線部をたずねる疑問文に

　　→ (　　　　) (　　　　) Yumi (　　　　) to school?

→ 裏に続きます。

3 ( ) に適する語を入れて日本文に合う英文にしましょう。 (6点×4)

(1) Mr. Jones ( ) a teacher.

ジョーンズさんは教師ではありませんでした。

(2) Mike got up ( ) ( ).

マイクはとても早く起きました。

(3) ( ) ( ) you eat for lunch?
<u>昼食に</u>

あなたは昼食に何を食べましたか。

(4) ( ) ( ) this box.

この箱を開けてはいけません。

4 日本文を英語になおしましょう。 (7点×4)

(1) 今日は何曜日ですか。

....

(2) あなたはえんぴつを何本持っていますか。

....

(3) ボブ(Bob)はそのとき，何をしていましたか。

....

(4) このペンを使ってもいいですか。

....

間違えた問題は、できるようになるまで、
くり返し練習しましょう。

●1 アルファベット(大文字)

① (1) A, B, D (2) F, G, H
(3) I, K, L (4) M, N, P
(5) Q, R, S (6) U, V
(7) X, Z
② (1) T (2) J (3) E

▶解説
アルファベットのAからZまでの順序も
しっかり覚えましょう。

●2 アルファベット(小文字)

① (1) b, c, e (2) f, g, i, j
(3) l, m, o (4) p, q, s, t
(5) v, w, x, y
② (1) z (2) r (3) n (4) d
(5) a (6) u (7) h (8) k

▶解説
a と d、n と h などの縦棒の長さの違
いにも注意して書きましょう。

●3 I am ～. / You are ～.

① (1) am (2) I, am (3) I'm
(4) I'm, from (5) are
(6) You're

▶解説
①(1)「～です」は主語が I のときは am。

(2)「私は～です」は I am ～. になる。
(3)空所が1つなので短縮形を使う。(4)
「～の出身」は from を使う。(5)主語が
you のとき、「～です」は are。(6) You
are の短縮形は You're。

●4 I am not ～.

① (1) not (2) not
② (1) am, not (2) I'm, not
(3) aren't

▶解説
①(1)(2)「～ではない」は am、are のあ
とに not。**②**(1)「(～に)いる」も be 動
詞で表す。(2) I am を短縮形にする。(3)
空所の数から are not を短縮形にする。

●5 Are you ～?

① (1) Are (2) Are, you
② (1) Are, you (2) Are, you
(3) Are, you, from

▶解説
①②「あなたは～ですか〔～にいます
か〕」は Are you ～? で表す。**②**(3)「あ
なたは～の出身ですか」は Are you
from ～? で表す。

1

❻ Are you ～?の答え方

❶ (1) am　(2) not
❷ (1) Yes, am　(2) No, not
　(3) No, I'm, not

▶解説
❶(1)「はい」なので, Yes, I am. と答える。(2)「いいえ」なので, No, I am not. と答える。❷(3)空所の数から短縮形を使う。I am を短縮形にする。「～歳」は〈年齢+year(s) old〉で表すが, year(s) old は省略されることもある。

❼ This[That] is ～.

❶ (1) This　(2) This, is
　(3) this, is　(4) That
　(5) That, is　(6) That's

▶解説
❶(1)(2)「これは～です」は This is ～. で表す。(3) This is ～. は人を紹介するときにも使う。(4)(5)「あれは～です」は That is ～. で表す。(6) That is の短縮形は That's。

❽ This is not ～.

❶ (1) not　(2) not
❷ (1) This, not　(2) This, isn't
　(3) That, not
　(4) That's, not[That, isn't]

▶解説
❶(1)(2)「これ〔あれ〕は～ではない」は,

This[That] is のあとに not をおく。❷(2) This is に短縮形がないので, is not を短縮形の isn't にする。(4) That is の短縮形 That's か, is not の短縮形 isn't を使う。

❾ Is this ～?

❶ (1) Is, this　(2) Is, that
❷ (1) Is, this　(2) Is, that / it
　(3) Is, this / it's, not[it, isn't]

▶解説
❶(1)(2)「これ〔あれ〕は～ですか」は, Is this[that] ～? の形。❷(2) that は答えの文では it で受ける。(3) this も答えの文では it で受ける。答えの文は, it is の短縮形の it's を使うか, is not の短縮形の isn't を使う。

❿ He[She] is ～.

❶ (1) He　(2) She　(3) is
　(4) He's　(5) She's　(6) is

▶解説
❶(1) 1 人の男性を受けて,「彼は」は he を使う。(2) 1 人の女性を受けて,「彼女は」は she。(3)主語が「私」「あなた」以外の単数（3 人称単数という）のとき, be 動詞は is を使う。(4)(5)空所が 1 つなので短縮形を入れる。He is の短縮形は He's, She is の短縮形は She's。(6)主語が人間以外の動物や物でも, 単数のときは be 動詞は is を使う。

11 He is not ～.

❶ (1) not　(2) not
❷ (1) is, not　(2) is, not
　(3) He's, not [He, isn't]
　(4) She's, not [She, isn't]

▶解説
❶(1)(2)否定文は，He [She] is のあとに
not をおく。❷(3)(4) He is や She is を
短縮形にして He's [She's] not ～. とす
るか，または，is not の短縮形を使っ
て，He [She] isn't ～. とする。

12 Is he ～?

❶ (1) Is, he　(2) Is, she
❷ (1) Is, he　(2) Is, she / she
　(3) Is, he / he's, not [he, isn't]

▶解説
❶(1)(2) is を主語の前に出して，Is he
[she] ～? とする。❷(3)答えの文では，
空所の数から短縮形を使う。

13 主語が複数(we , they)の文

❶ (1) are　(2) are
❷ (1) We, are　(2) are
　(3) They, are　(4) We're

▶解説
❶(1)主語が複数のときは，be 動詞は
are を使う。(2)主語の Mark and Bill
は複数なので are になる。❷(4) We
are を短縮形の We're にする。

14 We [They] are ～. の否定文・疑問文

❶ (1) not　(2) Are, they
❷ (1) aren't
　(2) Are, they / are
　(3) Are, they / aren't

▶解説
❶(1) are のあとに not。(2) are を they
の前に出す。❷(1)空所が 1 つなので短縮
形を入れる。(2)(3) Are they ～? の疑問
文に「はい」なら Yes, they are. で，「い
いえ」なら No, they aren't. で答える。

15 What is ～?

❶ (1) What / It　(2) What's / It's
　(3) What's / It's
　(4) What, are / They
　(5) What, is / is

▶解説
❶(1)「何」は What。this は答えの文で
は it で受ける。(2)(3) What is の短縮形
は What's。答えの文も It is の短縮形
It's を使う。(5) your name は 3 人称単
数の主語なので is を使う。

16 be 動詞の否定文・疑問文

❶ (1) am, not
　(2) She's, not [She, isn't]
　(3) is, not　(4) are, not
　(5) Are, you / I, am
　(6) Is, this / it's, not [it, isn't]

▶解説

❶(1)(3)(4)「～ではない」は，am, is, are のあとに not をおく。(2) She is か is not を短縮形にする。(6)答えの文では，it is か is not を短縮形にする。

17 まとめテスト① be動詞

> ❶ (1) is (2) Are / am
> 　(3) Is / isn't (4) aren't
> ❷ (1) are (2) isn't
> 　(3) Is, she (4) Are, you
> ❸ (1) not (2) aren't (3) Is
> 　(4) isn't / He's
> ❹ (例)(1) I'm [I am] from
> 　Sapporo.
> 　(2) What's [What is] that?
> 　(3) We are not [We're not
> 　/ We aren't] sisters.
> 　(4) Is this your school?

▶解説

❶(1)「こちらは～です」は This is ～.。(2) you には are, I には am を使う。(3) 主語が 3 人称単数なので is。答えの文は No なので isn't。(4)主語が複数の否定文なので aren't。

❷(1) am を are にかえる。(2) is not を短縮形にする。(3)(4) is, are を主語の前に出す。You're は You are の短縮形。

❸(1) I'm のあとに not を入れる。(2) are not を短縮形にする。(3)主語が 3 人称単数なので Is。(4)どちらも短縮形にする。

❹(1)「私は～の出身です」は，I'm [I am] from ～. という。(3) sister を複数形にする。(4)「これは～ですか」は Is this ～? で表す。

18 I play ～. / You play ～.

> ❶ (1) like (2) play (3) study
> ❷ (1) like (2) have (3) go

▶解説

❶(1)「～が好きだ」は like。(2)「(スポーツ)をする」は play。(3)「～を勉強する」は study。❷(2)「(兄弟など)を持っている」と考えて，have を入れる。(3)「学校に行く」は go to school。

19 I don't ～.

> ❶ (1) do, not (2) don't
> ❷ (1) don't (2) don't, have
> 　(3) don't, like
> 　(4) don't, play

▶解説

❶(1) do not を入れる。(2)短縮形 don't を入れる。❷(1)空所の数が 1 つなので短縮形にする。(2)～(4) have, like, play の前に don't を入れる。

20 Do you ～?

> ❶ (1) Do (2) Do, you
> ❷ (1) Do, you (2) Do, you / do
> 　(3) Do, like / I, don't

4

❶(1) Do で文を始める。(2)「あなたは〜
しますか」は，Do you 〜? でたずねる。
❷(2)答えの文でも do を使う。(3) No の
答えには don't を使う。

21 He likes 〜. / She likes 〜.

❶ (1) walks (2) helps
(3) plays
❷ (1) likes (2) lives (3) speaks

▶解説
❶(1)〜(3)主語が 3 人称単数になるので，
動詞は語尾に s がついた形にする。❷そ
れぞれlike（〜が好きだ），live（住む），
speak（〜を話す）に s をつける。

22 注意したい一般動詞

❶ (1) plays (2) studies
(3) teaches (4) watches
(5) goes (6) has

▶解説
❶(1) play はそのまま s だけをつける。
(2) study は y を i にかえて es をつける。
(3)〜(5) teach, watch, go は es をつ
ける。(6) have は has になる。

23 He doesn't 〜.

❶ (1) doesn't (2) doesn't, have
❷ (1) doesn't (2) doesn't, speak
(3) doesn't, know
(4) doesn't, have[drink]

▶解説
❶(1)動詞の前に doesn't を入れる。(2)
has を原形の have にする。❷ doesn't
のあとの動詞は原形にする。

24 Does he 〜?

❶ (1) Does (2) Does, speak
❷ (1) Does, have
(2) Does, like / does
(3) Does, she, like / doesn't

▶解説
❶(1) Does で文を始める。(2) Does で
文を始めて，動詞は原形にする。❷(2)答
えの文でも does を使う。(3) No の答え
には doesn't を使う。

25 主語が複数の文

❶ (1) like (2) help (3) don't
(4) Do, have[eat] / do
(5) Do, run / they, don't
(6) want

▶解説
❶(1)(2)(6)主語が複数のとき，動詞には s や es
をつけない。(3)空所が 1 つなので don't
を入れる。(4)答えの文でも do を使う。

26 What do[does] 〜?

❶ (1) What, have
(2) What, have
❷ (1) What, do / play
(2) What, does / likes

▶解説
❶(1)(2) What のあとに〈do[does]＋主語＋動詞の原形〜?〉を続ける。
❷(2)主語が 3 人称単数なので，疑問文では does を使う。答えの文では動詞の語尾に s をつけることに注意。

27 一般動詞の否定文・疑問文

❶ (1) don't (2) doesn't, live
(3) don't, watch
(4) Do, like / I, do
(5) Does, play / he, doesn't
(6) Do, have / we, don't

▶解説
❶(1) like の前に don't を入れる。(2)主語が 3 人称単数なので doesn't。doesn't のあとの動詞は原形。(3)主語が複数なので，watch の前に don't。(5)主語が 3 人称単数なので，Does で文を始め，動詞は原形にする。(6)「あなたたちは」とたずねられているので，we で受ける。

28 一般動詞の使い分けの整理

❶ (1) play (2) plays (3) studies
(4) has (5) speak (6) like

▶解説
❶(1)(2)「(スポーツ)をする」「(楽器)を演奏する」は play。(2)主語が 3 人称単数なので，語尾に s をつける。(3) study は y を i にかえて es。(4) have は has に変化する。(5)(6)主語は複数。

29 [復習] be動詞の使い分けの整理

❶ (1) am (2) are (3) is
(4) are (5) is (6) He's
(7) They're, I'm

30 まとめテスト② 一般動詞

❶ (1) like (2) uses
(3) doesn't (4) Do / do
❷ (1) studies (2) don't
(3) doesn't, drive
(4) What, does, have
❸ (1) has (2) play
(3) Does / play (4) doesn't
❹ (例)(1) We go to school every day.
(2) Ms. Mori lives in Kyoto.
(3) They don't[do not] speak Japanese.
(4) Does he know your name?

❶(2)(3) Keiko, Tom は 3 人称単数の主語。(4)主語が they なので，Do で文を始め，do を使って答える。

❷(1) study の y を i にかえて es をつける。(2)一般動詞の否定文は〈don't＋動詞の原形〉の形。(3)主語が he なので否定文は〈doesn't＋動詞の原形〉の形。(4)「彼はかばんに何を持っているのですか」の疑問文に。

❸(1)主語が 3 人称単数なので has。(2)「(スポーツ)をする」はplay。(3) Does の疑問文。動詞は原形にする。(4) No の答えには doesn't を使う。

❹(1)「学校に行く」は go to school。(2)「〜に住む」は live in 〜。(3)〈don't＋動詞の原形〉の形。(4)「彼は〜を知っているか」は Does he know 〜?。

3 1 What time[day] 〜?

❶ (1) What, time / It, is
(2) What, day / It's
(3) What, time / at
(4) What, time / goes, at

▶解説

❶(1)「何時ですか」は What time is it?。答えの文の主語は it を使う。(2)「曜日」は What day でたずね，It's[It is]〜. で答える。(3)「6 時に」は at six。(4) he が主語なので答えの文の動詞は goes。

3 2 Where 〜?/When 〜?/Who 〜?

❶ (1) Who / He's[That's]
(2) Where / She's (3) When
(4) Where, does / lives
(5) Who, lives (6) When, do

▶解説

❶(1)「だれ」は Who。that boy は he で受ける。(2)「どこ」は Where。1 人の女性は she で受ける。(3)「いつ」は When。(4)疑問詞のあとは疑問文の形。lives の形に注意。(5) Who は主語のとき 3 人称単数扱い。

3 3 Which 〜? / Whose 〜?

❶ (1) Which / This
(2) Whose / mine
(3) Which, bike
(4) Whose (5) Whose, house
(6) Which, goes

▶解説

❶(1)「どちら」は Which。(2)「だれの」は Whose。(3)「どちらの自転車」は〈Which＋名詞〉の形。(5)「だれの家」は〈Whose＋名詞〉。(6)「どのバスが」は Which bus で 3 人称単数扱い。

3 4 How 〜?

❶ (1) How, is (2) How, is / It's
(3) How / by (4) How, old
(5) How, long / It, takes

❶(1)主語が3人称単数なので，How is
〜？。(3)手段・方法は How でたずねる。
「〜で」は by 〜。(4)年齢は How old で
たずねる。(5)時間などの長さは How
long 〜？。「(時間が)かかる」は take。

35 名詞の複数形

❶ (1) dogs (2) books (3) birds
 (4) cars (5) bikes (6) boxes
 (7) men (8) children
❷ (1) sisters (2) friends (3) cities

▶解説
❶(1)〜(5)語尾に s をつける。(6)語尾に es
をつける。(7)(8) man → men，child →
children と不規則に変化する。❷(2)(3)
any，some のあとに数えられる名詞が
くるときは複数形にする。

36 How many 〜?

❶ (1) How, many / have
 (2) How, many / has
 (3) How, many / ten, pencils
 (4) How, many, cats

▶解説
❶(1)〜(3)「何人」「何冊」「何本」と数を
たずねるときは How many 〜？ を使う。
(2)主語が3人称単数なので，答えの文の
動詞は has にする。(3)答えの「10本」
は「10本のえんぴつ」と考える。(4) How
many のあとの名詞は複数形にする。

37 命令文

❶ (1) Use (2) Wash (3) Be
❷ (1) Speak (2) come
 (3) Open, please

▶解説
❶(1)(2)命令文は動詞の原形で文を始める。
(3) be 動詞の原形は be なので，Be 〜.
の形になる。❷(3) please が文末にくる
ときは，その前にコンマ(,)を入れる。

38 Don't 〜. / Let's 〜.

❶ (1) Don't (2) Let's
❷ (1) Don't (2) Don't, take
 (3) Let's (4) Let's, play

▶解説
❶(1)「〜してはいけません」は Don't
で文を始める。(2)「〜しましょう」は
Let's で文を始める。❷(2) Don't のあと
は動詞の原形を続ける。(4) Let's のあと
も動詞の原形を続ける。

39 代名詞①

❶ (1) We (2) His (3) them
❷ (1) me (2) your (3) She, her

▶解説
❶(1)「健と私は」は「私たちは (we)」。
(2)「彼の」は his。(3)「健太と美樹を」
は「彼らを (them)」。❷(2)「あなたた
ちの」は your。(3)「彼女の」は her。

4０ 代名詞②

① (1) yours　(2) his　(3) mine
　　(4) ours
② (1) hers　(2) theirs

▶解説

①(1)「あなたのもの」は yours。(2)「彼のもの」は his 。(3)「私のもの」は mine。(4)「私たちのもの」は ours。**②**(1)「彼女のもの」は hers。

4１ まとめテスト③ 疑問詞・命令文など

① (1) him　(2) their
　　(3) go　(4) children
② (1) How　(2) When
　　(3) Which　(4) Who
③ (1) Let's, play　(2) Look, dogs
　　(3) What, day / It's
　　(4) Whose / mine
④ (例)(1) What time is it?
　　(2) Don't open this box.
　　(3) These are our books.
　　(4) How many sisters do
　　you have?

▶解説

①(1)「彼を」は him。(2)「彼らの」は their。(3) Let's のあとは動詞の原形を続ける。(4) child (子ども) の複数形は children。
②(1)「自転車で」と手段・方法を答えているので How を選ぶ。(2)「11月11日です」と時を答えているので When を選ぶ。(3)「こちらです」とどちらなのかを答えているので Which を選ぶ。(4)「加藤先生です」と人を答えているので Who を選ぶ。
③(1)〈Let's＋動詞の原形 ～.〉の形。(2)「～ を見る」は look at ～。dog (犬) を複数形にする。(3)「曜日」は What day でたずねる。(4)「だれの」は Whose。「私のもの」は mine。
④(2)「～してはいけない」は〈Don't＋動詞の原形 ～.〉の形。(3)「私たちの本」は our books。(4)「何人」は〈How many ＋名詞の複数形 ～?〉でたずねる。

4２ He is studying ～.

① (1) am　(2) is　(3) listening
② (1) are, playing
　　(2) are, watching
　　(3) is, reading

▶解説

①(1)主語が I なので〈am＋～ing〉の形。(2)主語が she なので〈is＋～ing〉の形。(3) are のあとなので～ing の形にする。
②(1)(2)主語が they, you なので〈are ＋～ing〉の形。(3) reads は原形 read にして ing をつけることに注意。

43 注意したい動詞の ing 形

❶ (1) cooking　(2) making
　(3) writing　(4) having
　(5) running　(6) sitting
❷ (1) using　(2) swimming
　(3) know

▶解説

❶(2)～(4)語尾の e をとって ing をつける。(5)(6)語尾の 1 字を重ねて ing。
❷(3) know（知っている）などの状態を表す動詞は進行形にはしない。

44 He isn't studying ～.

❶ (1) am, not　(2) isn't
❷ (1) isn't　(2) aren't, listening
　(3) not, writing
　(4) isn't, running

▶解説

❶(1) am のあとに not を入れる。(2) 1語なので is not の短縮形 isn't に。
❷(2) aren't のあとに～ing を入れる。「～を聞く」は listen to ～。(3) I'm があるので not を続ける。(4) isn't のあとに～ing を続ける。run は n を重ねて ing。

45 Is he studying ～?

❶ (1) Are, you　(2) Is, Ken
❷ (1) Are, studying / am
　(2) Is, running / is
　(3) Are, they, playing / aren't

▶解説

❶(1)(2)ふつうの be 動詞の疑問文と同じ。are や is を主語の前に出す。
❷(1) Are you のあとに～ing を続ける。答えでも be 動詞を使う。(2) Is he のあとに～ing を続ける。(3)答えの文には, are not の短縮形を入れる。

46 What is[are] ～ doing?

❶ (1) What, doing / studying
　(2) What, is / running
　(3) What's, doing
　(4) What, doing / writing
　(5) Who's, cooking / is

▶解説

❶(1) 「あなたは何をしているか」は What are you doing?。(2)主語が Yumi なので be 動詞は is。(3)What is を短縮形に。(5) Who is を短縮形の Who's に。

47 I can ～. / I can't ～.

❶ (1) can　(2) can, speak
　(3) can't[cannot], play
❷ (1) can, swim　(2) can, speak
　(3) can't[cannot], read

▶解説

❶(2)(3)can, can't のあとの動詞は原形。
❷(1)(2)主語に関係なく〈can＋動詞の原形〉の形。(3)〈can't＋動詞の原形〉の形。cannot は can not を1語にした形。

48 Can you ～?

❶ (1) Can, you (2) Can, play
❷ (1) Can, you
　 (2) Can, they / can
　 (3) Can, speak / can't[cannot]

▶解説

❶(1) can を主語の前に出す。
❷(1)「あなたは～できるか」は Can you ～?。(2) can の疑問文には can を使って答える。(3)答えでは can't か, cannot を使う。

49 許可・依頼を表す can

❶ (1) Can I (2) Can you
　 (3) Can you
❷ (1) Can, I
　 (2) Can, I (3) Can, you

▶解説

❶(1)「(私が)～してもいいですか」と許可を求めるときは Can I ～?。(2)(3)「～してくれますか」と相手に依頼するときは Can you ～?。
❷(1)(2)許可を求めるときは, Can I ～? のかわりに May I ～? ということもある。(3)依頼するときは, Can you ～? のかわりに, Will you ～? ということもある。

50 まとめテスト④ 現在進行形・canの文

❶ (1) Are (2) has
　 (3) driving (4) cook
❷ (1) am, studying
　 (2) is, running
　 (3) can, use (4) Who, is
❸ (1) Are / aren't
　 (2) Can, you / can
　 (3) Where, playing
　 (4) Can, you
❹ (例)(1) What are you doing?
　 (2) Can I use this bike?
　 (3) Tom isn't[is not]
　 watching TV now.
　 (4) She can't[cannot] read
　 Japanese.

▶解説

❶(1)現在進行形の疑問文は be 動詞で始める。(2)「(姉妹)がいる」は have (ここでは has)。状態を表すので進行形にはしない。(4) can のあとの動詞は原形。
❷(1)(2)〈am[is]＋～ing〉の形にする。(3) can のあとの動詞は原形。(4)「だれ」は Who でたずねる。who は3人称単数扱い。
❸(1)進行形の疑問文への答えの文でも be 動詞を使う。(2)「～できるか」は Can ～? でたずねる。(3)「どこで」は Where。あとに進行形の疑問文を続ける。(4)相手への依頼。Can you～? で表す。
❹(1)この文の doing は動詞 do (～をする) の ing 形。(2)「～してもいいか」は Can I ～? の形。(3)現在進行形の否定

文。〈be 動詞＋not＋～ing〉の形。isn't は is not でもよい。(4)「～できない」は can't[cannot] のあとに動詞の原形を続ける。

51 過去の文（規則動詞）

❶ (1) played　(2) played
❷ (1) watched　(2) helped
　(3) lived　(4) studied

▶解説
❶(2)過去形は主語が 3 人称単数でも形はかわらない。❷(1)(2)動詞の語尾に ed をつける。(3) e で終わる語は d だけをつける。(4) study は y を i にかえて ed。

52 不規則動詞の過去形

❶ (1) came　(2) sat　(3) wrote
　(4) made　(5) ran　(6) saw
❷ (1) had　(2) went　(3) got

▶解説
❶(1)～(6)不規則動詞は 1 つずつ覚える。❷(1)(3)主語が 3 人称単数でも過去形の形はかわらない。

53 過去の文（不規則動詞）

❶ (1) saw　(2) got
❷ (1) went　(2) made　(3) came

▶解説
❶(1) see（～が見える，～に会う）の過去形は saw。(2) get（着く）の過去形は got。❷(1) go の過去形は went。

(2) make（～を作る）の過去形は made。
(3) come（来る）の過去形は came。

54 過去の否定文

❶ (1) did, play　(2) didn't, play
❷ (1) didn't　(2) didn't, come
　(3) didn't, know
　(4) didn't, have[eat]

▶解説
❶(1)動詞の前に did not を入れる。(2) did not を短縮形にする。あとの動詞は原形。❷(1) 1 語なので didn't を入れる。(2)～(4)主語に関係なく，didn't のあとには動詞の原形を入れる。(4)「食べる」は have でも eat でもよい。

55 過去の疑問文

❶ (1) Did　(2) Did, go
❷ (1) Did, have[eat]
　(2) Did, play / did
　(3) Did, get / didn't

▶解説
❶(1)(2)主語に関係なく，Did で文を始めて，〈Did＋主語＋動詞の原形～?〉の形にする。動詞を原形にすることに注意。❷(2)(3) Did ～? には，did を使って Yes, ～ did. か No, ～ didn't. で答える。

56 疑問詞で始まる疑問文

❶ (1) What, did　(2) When, did
(3) Where, did　(4) How, come
(5) When, come
(6) What, do / studied

▶解説

❶(1)〜(3) What, When, Where の疑問詞のあとは did you 〜 を続ける。(4)(5)〈疑問詞＋did＋主語〉のあとの動詞は原形にする。(6)過去の疑問文なので，答えの文の動詞も過去形にする。study の過去形は語尾の y を i にかえて ed をつける。

57 was, were の文

❶ (1) was　(2) were
❷ (1) was　(2) was
(3) were　(4) were

▶解説

❶(1)(2)主語に注目して，主語が I か 3 人称単数なら was に，主語が you か複数なら were にする。

58 was, were の否定文・疑問文

❶ (1) was, not　(2) Was, she
(3) were, not　(4) Were, they
❷ (1) weren't　(2) Were
(3) No, wasn't

▶解説

❶(1)(3)否定文は was, were のあとに

not。(2)(4)疑問文は Was, Were で文を始める。**❷**(1) were not を短縮形にする。(3)主語が I になるので，No, I wasn't. で答える。

59 He was studying 〜.

❶ (1) was, playing
(2) were, having
❷ (1) was, reading
(2) were, listening
(3) was, studying
(4) were, running

▶解説

❶(2) had の原形は have。have の ing 形は e をとって ing をつける。
❷(1)(3)主語が 3 人称単数や I なので，〈was＋〜ing〉の形。(4) Kate and I は複数なので，be 動詞は were。run は n を重ねて ing をつける。

60 過去進行形の否定文・疑問文

❶ (1) was, not　(2) Were, they
❷ (1) wasn't, using
(2) Were, swimming / weren't
(3) What, were, doing / was

▶解説

❶(1)否定文は was のあとに not を入れる。(2)疑問文は Were で文を始める。
❷(1)短縮形 wasn't のあとに 〜ing を続ける。(2) swim は m を重ねて ing をつける。(3) What のあとに過去進行形の疑問文の形を続ける。「〜をする」は動詞の do

を使う。答えの文では，過去進行形の文で「何をしていたか」を具体的に答える。

6１ まとめテスト⑤ 過去の文

❶ (1) visited　(2) Did　(3) call
　(4) was
❷ (1) was　(2) studied
　(3) came　(4) had
❸ (1) weren't, playing
　(2) Did, watch / did
　(3) didn't, use
　(4) did, get / got
❹ (例)(1) We went to school
　yesterday.
　(2) She didn't[did not]
　read this book.
　(3) Where were you last
　night?
　(4) What did you do last
　Sunday?

▶解説
❶(1)(2) last year（昨年），last night（昨夜）は過去を表す語句。(3) didn't のあとの動詞は原形。(4) be 動詞の過去の文。主語が3人称単数なので was。
❷(1)過去進行形の文。主語が I なので was。(2) y を i にかえて ed。(3)(4) come－came, have－had と変化する。
❸(1)過去進行形の否定文。主語が we なので were を使うが，空所の数から短縮形を入れる。(2) Did ～? には did を使って答える。(3)空所の数から短縮形の didn't を入れる。(4)「起きる」は get up。

❹(1) go の過去形は went。(2)〈主語＋didn't[did not]＋動詞の原形～.〉の形。(3) be 動詞の過去の疑問文。疑問詞 Where（どこ）のあとに were ～? を続ける。「昨夜」は last night。(4)疑問詞 What のあとはふつうの疑問文の形。「～をする」は do を使う。「この前の～」は last ～。

6２ 副詞・接続詞

❶ (1) hard　(2) well　(3) often
❷ (1) or　(2) but　(3) and, are

▶解説
❶(1)「一生けんめいに，熱心に」は hard。(2)「じょうずに」は well。(3) often はふつう一般動詞の前におく。❷(1)「それとも」は or。(2)「しかし」は but。(3) A and B は複数なので，be 動詞は are。

6３ 形容詞

❶ (1) tall　(2) old　(3) interesting
❷ (1) new　(2) easy　(3) hot

▶解説
❷(2)「簡単な」は easy。

6４ 前置詞

❶ (1) at　(2) on　(3) in
　(4) in　(5) after　(6) before
　(7) by　(8) between
❷ (1) in　(2) to, them

▶解説

❶(1)「時刻」には at。(2)「曜日」には on。(3)(4)「月」「季節」には in を使う。(5)「放課後に」は after school。(7)交通手段を表して「〜で」は by。(8)「AとBの間に」は between A and B。❷(1)「〜に住む」は live in 〜。(2)「〜へ行く」は go to 〜。前置詞のあとの代名詞は「〜を〔に〕」の形に。

65 あいさつ・紹介・お礼

❶ (1) エ (2) ア (3) イ
❷ (1) This, is (2) See (3) sorry

▶解説

❶(1)「はじめまして」という初対面のあいさつ。(2)「元気？」という日常のあいさつとその応答。(3)「どうもありがとうございます」「どういたしまして」というやりとり。
❷(1)「こちらは〜です」は This is 〜. と紹介する。(2)別れのあいさつ。(3)ここでは謝罪の「すみません」。人に話しかけるときの Excuse me. と区別する。

66 電話・買い物

❶ (1) This (2) Can I
❷ (1) ウ (2) ア (3) オ (4) イ

▶解説

❶(1)電話で名乗るときは This is 〜. という。(2)電話での決まった表現。
❷(1)持ち帰りができる店で店員がよく使う表現。(2)「〜はいかがですか」は How about 〜? という。(3)「値段」は How much

でたずねる。(4) Here it is. ともいう。

67 道案内・あいづちなど

❶ (1) right (2) too
(3) Excuse me.
❷ (1) Where (2) Which

▶解説

❶(1) That's right. で「その通りです」。(2) Me, too. で「私もそうです」。
❷(1)「どこ」は Where。(2)「どの〜」は Which 〜。

68 まとめテスト⑥ 副詞・会話表現など

❶ (1) on (2) today (3) or (4) See
❷ (1) エ (2) ア (3) ウ (4) イ
❸ (1) often, after (2) at, at
(3) with, them (4) and, but
❹ (例) (1) Where is the park?
(2) How much is this bag?
(3) He plays the piano very well.
(4) She came here in 2009.

▶解説

❶(1)「〜の上に」は on。(2)「今日」は today。(3)「それとも」は or。
❷(2)「ここで走ってはいけません」「おお, すみません」の意味。
❸(1)「しばしば, よく」は often。「放課後」は after school。(2)「駅で」は at the station。(3)「〜といっしょに」は with。代名詞は「〜を〔に〕」の形を続ける。(4)「〜と…」は and。「しかし」

は but。

❹ (1) Where is は Where's でもよい。
(2)値段をたずねるときは How much を
使う。(3)「とてもじょうずに」は very
well。(4)「〜(年)に」は in。

69 復習テスト①

❶ (1) lives　(2) When　(3) him
　　(4) come
❷ (1) songs　(2) studies
　　(3) running　(4) had
❸ (1) goes　(2) are, students
　　(3) am, using　(4) got
❹ (1) Nice to meet you.
　　(2) It was not cold (yesterday.)
　　(3) Did you read this book?
　　(4) He can't speak English.

▶解説
❶(1)主語が3人称単数の現在の文。(2)
「いつ」は When。(3) with のあとの代
名詞は「〜を〔に〕」の形。(4) didn't の
あとの動詞は原形。
❷(1)複数形に。(2) study は y を i にか
えて es。(3) running のつづりに注意。
(4) have−had と変化する。
❸(1) go → goes に。(2) is を are, a
student を複数に。(3)〈am+〜ing〉に。
(4) get to 〜 で「〜に着く」。
❹(1)初対面のあいさつ。(2) was の否定
文なので、〈主語+was not 〜。〉の語
順。寒暖を表す文の主語には it を使う。
(3)一般動詞の過去の疑問文は〈Did+主
語+動詞の原形〜?〉の形。(4)〈主語+
can't+動詞の原形〜。〉の形。

70 復習テスト②

❶ (1) He　(2) watching
　　(3) use　(4) children
　　(5) Whose　(6) welcome
❷ (1) Does, Miki, like
　　(2) She's, not, having
　　(3) Did, he, visit
　　(4) Where, is, he
　　(5) How, does, come
❸ (1) wasn't　(2) very[so], early
　　(3) What, did　(4) Don't, open
❹ (例)(1) What day is it today?
　　(2) How many pencils do
　　you have?
　　(3) What was Bob doing then?
　　(4) Can I use this pen?

▶解説
❶(2)現在進行形の文。(3) doesn't のあと
の動詞は原形。(4) child の複数形は
children。(5) mine(私のもの)の答えか
ら Whose(だれの)を選ぶ。
❷(1) Does で文を始める。動詞は原形。
(2) She isn't 〜. でもよい。(3) Did で文
を始める。動詞は原形。(4)「どこ」は
Where。(5)「どうやって」は How。
❸(2)「とても早く」は very early。(3)
「何を」は What でたずねる。(4)禁止は
〈Don't+動詞の原形〜。〉の形。
❹(1)曜日をたずねる決まった言い方。(2)
数は How many でたずねる。(3) What
のあとは過去進行形の疑問文。then を at
that time としてもよい。(4)「〜してもい
いか」は Can I 〜? 。